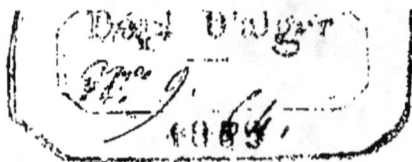

MENUS PROPOS SUR ALGER

MENUS PROPOS

SUR

ALGER

PAR

CHARLES DESPREZ

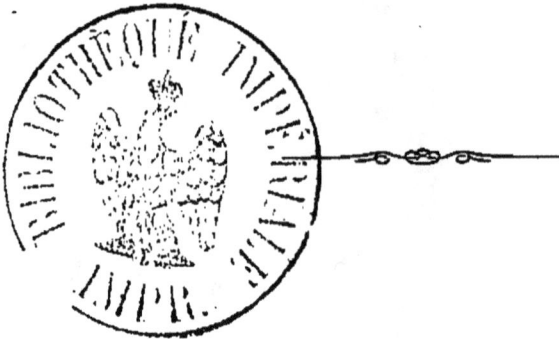

ALGER

IMPRIMERIE A. MOLOT ET Cie

Rue de l'Etat-Major, 5.

1864

MENUS PROPOS SUR ALGER

I

PRÉF...

Bah ! Qui donc la lirait ? Suivons plutôt le précepte d'Horace, et lançons-nous tout de suite *in medias res.*

Les épreuves d'une future.

— Je suis amoureux fou, s'écria...
Le nom d'homme que vous voudrez.
— Pour la centième fois au moins depuis dix ans, répliquai-je.
— Pour la première.
— Ah ! par exemple ! Et Victorine...
— Fantaisie.

— Et Maria...

— Caprice.

— Et Laure, et Cécile, et Denise...

— Vous les mettriez toutes dans un alambic pour en extraire et concréter ce qu'elles ont ensemble de beauté, de talents, de grâces, de vertus, que vous n'arriveriez jamais à produire la millième partie des séductions de... de...

— Vous hésitez; vous aimez. Ce trait de discrétion me convainc. Eh bien, alors, à quand la noce ?

— Indéfiniment ajournée.

— Encore ?

— J'ai beaucoup appris durant mes dix années d'essais matrimoniaux. Victorine, Maria, Laure, Cécile, Denise, m'ont saturé d'expérience, et je me suis bien promis d'exiger avant tout, de ma future épouse, qu'elle sache : Premièrement, traverser une rue.

— Traverser une rue !

— Rue passante, bien entendu, pleine de monde, encombrée de voitures. N'avez-vous jamais observé combien la plupart des femmes s'y prennent gauchement en cette occasion ? Au lieu de partir à propos, de marcher posément, et de conserver le sang-froid voulu pour profiter des vides et tourner les obstacles, les voilà qui se mettent à courir, effarées, ahuries, éperdues; et c'est miracle qu'il n'y en ait pas neuf d'écrasées sur dix. Secondement, coudre un bouton.

— La belle malice ! Moi-même...

— Vous-même, bien; mais s'il est, en ménage, un fait incontesté, c'est l'inaptitude des femmes à choisir des boutons appropriés aux boutonnières. Troisièmement, faire une omelette.

— L'A B C de la cuisine !

— Je ne crois pas, au contraire, qu'il existe de mets dont la réussite demande plus d'intelligence.

— Prétendez-vous faire de votre femme un facteur, une couturière un cordon bleu ?

— Rien de tout cela : mais les susdits talents comportent des qualités indispensables à la plupart des situations ordinaires de la vie : le discernement, la prudence, la précision, la résolution, l'habileté, la fermeté, la finesse, l'économie...

— Vous m'en direz tant. Et votre promise...

— Laisse sur ces trois points beaucoup à désirer.

Passion permise.

Et moi aussi, après avoir longtemps couru le monde, essayé la brune et la blonde (il n'y a pas de quoi vous récrier, madame), la petite et la grande, l'humble et la fière, j'ai rencontré la plus adorable maîtresse.

Je l'aime de tout mon cœur ; j'ai chanté sur tous les tons ses louanges.

Elle, de son côté, ne semble pas trop me haïr.

Un mot, un seul, et tout est dit ; nous voilà mariés.

Mais laissons la métaphore.

La maîtresse en question, c'est Alger. (Je vous le disais bien.)

Les différentes choses que j'ai désirées et cherchées pendant vingt années de voyage, et qu'il ne m'avait encore été donné de trouver que séparément, une ici, l'autre là : beau ciel, doux climat, société sympathique, ville pittoresque, logement agréable, environs délicieux et de facile accès, rares motifs pour le pinceau, sujets intéressants pour la plume, liberté, santé, bonheur, Alger me les a toutes données.

Venu dans l'intention d'y passer deux semaines seulement, j'y suis resté tout un hiver. Frère bien-aimé, cher cousin Tobie, votre bon compagnonnage ne fut pas, il s'en faut, étranger aux agréments de ce premier séjour.

A peine de retour en France, je me sentais repris par ce besoin nouveau, étrange, irrésistible, de soleil, de palmiers, d'indépendance et d'aventures, que définit si bien le nom baroque de NOSTALGÉRIE.

Moins de trois mois après l'avoir quittée, je revoyais la place du Gouvernement.

Il y aura bientôt quatre ans que j'y demeure.

Quelquefois, je me dis : C'en est fait ; te voilà décidément africain. Liquide tes affaires de France, attire à toi ce que tu pourras de famille, place tes fonds dans la colonie, loue à bail un appartement et mets-toi résolument dans tes meubles.

Et puis, sur le point de donner ces derniers gages d'immigrant, je sens mon courage faiblir. La patrie que je laisse me semble moins triste, celle que j'adopte moins belle. Il est, à celle-ci surtout, comme à la promise de notre amoureux, des imperfections qu'étranger je ne soupçonnais pas, et dont, colon, j'apprécie toute la gravité.

Je prends alors la résolution d'attendre que ces imperfections aient disparu. Car je les crois fort remédiables. Elles ne demandent, pour céder, que d'être signalées avec quelque insistance.

Il y a, par exemple... Mais d'abord, un avis :

Quelques-unes des questions que je me propose de développer ici toutes ensemble, je les ai déjà traitées isolément sous forme de réclamations. Elles n'ont ainsi produit nul effet. Peut-être réunies seront-elles mieux entendues. La redite, dans tous les cas, ne peut que leur être utile.

Pourquoi donc, à ce propos, les journaux n'affecteraient-ils pas expressément une de leurs colonnes à la répétition des vœux demeurés stériles ? Un marchand, pour débiter ses produits, ne se contente pas d'une seule annonce ; il la renouvelle dix fois, vingt fois, cent fois. Imitons les marchands, nos maîtres en réclames.

Aveu.

Fin de la préface.

II

UNE VILLE MANQUÉE.

J'entends dire à beaucoup de personnes :

Si la colonie ne marche pas, c'est qu'il lui manque une capitale.

La conquête a ses droits, et l'occupation ses besoins. Alger pris, qu'on se soit empressé d'élargir les deux rues principales, de Bab-Azoun à Bab-el-Oued ; qu'on ait voulu faire tout de suite, à leur point de rencontre, une place assez large pour servir de base aux opérations militaires, la chose aisément se conçoit.

Mais il fallait s'arrêter là ; laisser El-Djezaïr en paix, et fonder à côté, dans la plaine de Mustapha, le chef-lieu de la colonie.

Les indigènes conservaient ainsi leurs mosquées, leurs bazars, leurs palais, leurs maisons, leurs intérieurs mystérieux, leur vie calme et contemplative.

On réservait à la curiosité des voyageurs, des artistes, des archéologues, un précieux sujet d'étude.

On s'épargnait les écoles, les dépenses, les ruines, qu'ont causées, sans grand résultat, cette ingrate transformation de la vieille ville en ci é moderne.

Et l'on trouvait, sur le nouvel emplacement, une aire vaste et plane pour le réseau des rues. un sol généreux pour les plantations, de quoi créer enfin une vraie capitale, avec des maisons gaies, des logements salubres, des avenues, des squares, une voirie facile, un commode parcours, tout ce que peuvent exiger enfin, les raffinements de la civilisation européenne.

Cette idée n'est pas neuve ; elle remonte aux premiers jours de la domination. Par quel déni du sens commun n'y a-t-on pas, depuis longtemps, donné suite ?

La plus vulgaire expérience ne devait-elle pas démontrer qu'Alger, vu les irrégularités de sa topographie, ne serait jamais, malgré tous les perfectionnements imaginables, qu'une ville absurde ? Que s'obstiner après ce rocher déclive, c'était compromettre non seulement le succès du chef-lieu, mais aussi bien celui de la colonie tout entière ?

A quoi les principales villes des États-Unis, New-York, la Nouvelle-Orléans, Boston, Baltimore, Philadelphie, doivent-elles leur rapide essor et leur étonnante prospérité ? Aux magnifiques emplacements qu'elles ont su choisir.

A quoi les Etats-Unis eux-mêmes doivent-ils aussi la merveilleuse transformation de leurs forêts vierges et de leurs savannes désertes, en l'un des plus riches empires ? A leurs grandes capitales.

Il n'existe pas au monde de localité un peu importante qui soit bâtie, comme Alger, en dressoir. Beaucoup, sans doute, ont un quartier perché sur la pente d'un roc. mais ce quartier, débris du moyen-âge, tend chaque jour à disparaître, et la ville neuve s'étale et prospère à ses pieds dans la plaine.

Et c'est avec quantité d'exemples pareils sous les yeux, qu'on s'est évertué, pendant plus de trente ans, à fouiller, retourner, gratter, limer, polir. ce pauvre mamelon du Sahel, laissant accaparer l'heureux site de Mustapha par un parc aux fourrages, par un champ de manœuvres, par un quartier de cavalerie !

Mais à quoi bon gémir ? Ce qui est fait est fait, et ce qui n'est pas encore fait se fera. La mosquée des Ketchaoua, le palais de la Jénina, les marabouts de la porte Bab-el-Oued ne sont plus. Après le rasement de l'ancienne bibliothèque (rue des Lotophages), viendra la destruction de l'évêché. A l'achèvement de la rue Napoléon, succèdera l'ouverture de la rue du Centre, et puis des rues d'en haut, d'étage en étage jusqu'à la Casbah.

III

LA BOITE DE PANDORE.

Du découragement ? fi donc !

Jupiter irrité contre Prométhée, de ce que le drôle s'était permis de fabriquer un homme en vie, ordonna à Vulcain de confectionner une femme modèle, et de l'introduire dans l'Olympe.

Aussitôt fait que dit. Tous les dieux admirèrent la nouvelle créature, et chacun voulut (comme dans les contes de fées) lui faire son présent.

Minerve la couronna de fleurs et lui apprit les arts délicats qui conviennent à son sexe.

Vénus répandit en elle le charme, la tendresse et la sollicitude.

Les Grâces ornèrent ses mains de bracelets, et sa gorge de colliers d'or.

Mercure lui donna la parole et l'art de subjuguer les cœurs.

Enfin, Jupiter lui remit une boîte, avec ordre de la porter à Prométhée.

Celui-ci redoutant quelque piége, ne voulut recevoir ni Pandore, ni la boîte.

Il défendit en outre à son fils, ou plutôt à son ouvrage Epiméthée, de rien accepter du maître des dieux.

Mais qu'elle défense pouvait tenir à l'aspect de Pandore ? Epiméthée ravi de ses perfections, l'épousa. La boîte fatale fut ouverte, et laissa échapper tous les maux et tous les crimes qui depuis ont accablé le triste univers.

L'imprudent mari se hâta, mais trop tard, de refermer la boîte. Elle était déjà presque vide. Il n'y resta que l'espérance.

En d'autres termes : il n'est si misérable état dont on ne puisse tirer parti.

Le genre humain survit au déluge ;

Moscou à la torche de Rostopchine ;

Lyon au marteau de la Convention.

Jonas a été mangé ;

Radama étranglé :

Napoléon III condamné à mort.

Alger ne deviendra jamais une grande capitale; son terrain montagneux, son enceinte fortifiée, le condamnent au simple chef-lieu de province à perpétuité.

Mais n'y aurait-il pas moyen d'en faire une de ces villes attrayantes que chacun veut avoir vue, que tout le monde aimerait habiter, et dont le charme, agissant à distance, suffit pour créer ces riches faubourgs, qui tôt ou tard bravent les servitudes, forcent les annexions, reculent les murailles, et même au besoin, sapent les rochers ?

IV

LA PERSPECTIVE.

Les vieux Africains me font envie; non pas précisément à cause de leur âge (le mien me suffit et de reste) mais parcequ'ils ont pu voir Alger dans toute l'originalité de son cachet oriental.

La ville, disent-ils, ressemblait alors, pour qui la regardait de loin, à une immense carrière d'albâtre. Pas un toit aigu, pas une fenêtre. Des cubes blancs piqués de petits trous, et disposés en façon de gradins, les plus bas baignés par la vague bleue, les plus haut tranchant sur l'azur du ciel.

Quelques massifs, des jardins, des cimetières, des fondoucks, précédaient les portes d'entrée.

Ces portes, vrais guichets de couvents, avaient tout au plus trois mètres de large. Elles donnaient accès des rues dont on peut encore aujourd'hui se faire une idée en gravissant les quartiers indigènes.

Une multitude de petites maisons, des bains, des

casernes, des bazars, des édifices religieux, parmi lesquels la charmante mosquée Saïda, dont les colonnes de marbre blanc, à chapiteaux sculptés, décorent aujourd'hui la rue de la Marine, occupaient les parties de la ville actuellement modernisées.

Quelle est, à cette heure, l'impression du touriste en entrant dans le port?

Le boulevard de l'Impératrice (pardonnez-lui, vous tous qui concourûtes à cette œuvre), ne lui cause pas des transports fabuleux. Il se rappelle les viaducs de chemin de fer qu'il a traversés sur sa route, depuis Paris jusqu'à Marseille, et ce rapprochement n'est rien moins que flatteur pour la nouvelle construction de sir Morton Peto.

Ces longues lignes plus ou moins obliques, et dont pas une n'est franchement horizontale, ces interminables séries d'arcades sous lesquelles s'abritent un tas d'aménagements mesquins, ces rampes sans prestance, ces escaliers étroits, attristent son regard.

Le bastion de la Pêcherie, notamment, avec ses trous de toute forme et de toute grandeur, lui produit le peu noble effet d'un morceau de fromage de Gruyère bien levé.

Il ouvre la bouche pour blâmer... et s'excuse en apprenant qu'il a fallu, dans ce travail ingrat, subordonner les règles du goût à l'intérêt de la défense. Comme boulevard c'est plus que médiocre, c'est affreux; comme rempart c'est peut-être excellent ; à nos Vauban de prononcer.

Mais suivons le touriste.

Arrivé sur la place, il s'enfonce au hasard dans les rues limitrophes, et cherche avec anxiété les galeries byzantines, les palais mauresques, les monuments algériens qui devraient, dans sa pensée, décorer la capitale d'un royaume arabe, sinon d'une colonie africaine.

A part quelques façades neuves, reproduisant avec assez d'exactitude les vulgarités gréco-romaines de la rue Rivoli, que trouve-t-il ? Ce que l'art de bâtir imagina jamais de plus laid, de plus sot, de plus fastidieux.

Les masures de la Casbah, les gourbis du Tell les huttes des sauvages, ont encore de l'imprévu, de la tournure, du beau (le beau de la barbarie), mais les maisons européennes d'Alger !

Dans la statistique des décès pour cause inconnue, je ne serais pas surpris qu'il s'en trouvât bon nombre occasionnés par la vue trop fréquente de ces platitudes.

Pour ma part, lorsque je regarde, un certain temps, ces façades jaunes et maculées comme de vieilles peaux de tambour, nues comme des murs de prison, régulièrement percées de fenêtres étroites, sans stores, sans balcons, sans habitants, sans fleurs, ces toits pointus comme des pignons allemands, ces arcades enfin dont l'uniformité fait encore mieux ressortir la laideur, il me prend de tels affadissements que je ne sais, pour guérir, d'autre remède qu'une charge de Randon (pas de Cham, ô Dieu ! pas de Cham), un bain maure, un tour de trapèze, ou un morceau de musique militaire.

La régularité des façades semble avoir été, plus encore ici qu'ailleurs, le principal souci de l'administration. Comme bien vite on renoncerait à ces inintelligentes mesures si l'on examinait avec plus d'attention leurs pauvres résultats.

Regardez, par exemple, l'hôtel d'Orient. On a tenu rigoureusement, en l'honneur de la symétrie, à ce que cette maison fût l'exacte copie de ses *belles* voisines.

Hauteur de l'édifice, dimension des arcades, nombre des étages, largeur des fenêtres, style des corniches, on a tout imposé.

Combien de temps l'œil a-t-il pu saisir l'effet si péniblement obtenu par ces gênantes prescriptions? Un jour, un seul jour, tout au plus.

Le gros œuvre à peine achevé, les peintres brossaient les arcades, l'une en vert, l'autre en chocolat. Les piliers prenaient part à cette mascarade. Certains même d'entre eux se voyaient mi-partis, comme des écus de blason.

Sur ces champs panachés, marbrés, bariolés, se déroulaient toute sorte d'enseignes, en toute sorte d'écritures; la ronde auprès de la gothique, l'horizontale avec la perpendiculaire.

La terrasse se couronnait de je ne sais quelle annexe difforme, honteuse, indescriptible.

Que la maison, demain, change de locataires, et les étages supérieurs imiteront, dans leur désinvolture, l'entre-sol et le rez-de-chaussée

Jouissez donc, après cela, du style! Vos filets, vos oves, vos mascarons, disparaissent comme écrasés par les capitales ponceau des Messageries Bonniffay, les majuscules azurées de la pharmacie Desvignes, et l'enseigne semi-circulaire du Rendez-vous des Amis.

La bigarrure a son charme. Mais on peut, je crois, trouver de meilleurs moyens pour égayer la perspective.

Les Quais.

Pourquoi, d'abord, ne planterait-on pas des arbres sur les quais?

— Et la zone des servitudes ! Et le génie, ce génie malfaisant...

— Ne nous exagérons pas le mauvais vouloir du génie. Le génie est français d'esprit aussi bien que de nom. Les militaires sont des citoyens comme nous, et leur intérêt ne saurait, en nulle occasion, différer du nôtre. Les conditions indispensables de la stratégie observées, leur but principal, leur ambition dominante ne doit-elle pas être de rendre aussi agréable que possible un endroit qu'ils habitent avec nous, et dont, en définitive, la prospérité retourne en richesse, en splendeur, en gloire, à la France elle-même ?

Je ne vois pas, vraiment, à quel péril pourraient nous exposer les arbres en question. La guerre ne se fait plus maintenant, comme autrefois, par surprise ; et même, au pis aller, en cas d'attaque inattendue, la cognée les aurait bien vite mis à bas.

Plantés près du rempart, à chaque entre-deux des arcades, ils ne gêneraient ni la circulation des voitures, ni les travaux du port, ni l'accès des magasins, et présenteraient, outre l'avantage de donner de l'ombre et de la fraîcheur, celui de rompre la monotonie de je ne sais combien de voûtes pareilles, symétriquement rangées comme les alvéoles d'un gâteau de cire, de briser les lignes interminables des rampes, et d'en dissimuler tant soit peu le manque d'horizontalité.

On mettrait là des poivriers, des caroubiers, des érythrines, essences non moins élégantes que robustes, et mieux que toute autre organisées pour braver le vent de la mer. Les feuilles de l'érythrine ne sont pas persistantes, mais cet arbre se pare, au printemps, d'une masse de belles fleurs, rouges et luisantes comme du corail.

Et notez bien qu'il ne s'agit ici ni de tâtonnements, ni d'expériences. Ce que je propose pour les quais d'Alger, de semblables quais déjà le possèdent.

Palerme a, comme Alger, un front de mer en forme de rempart. Et devant ce rempart, à quelques mètres seulement du rivage, se déploient deux longues rangées d'érythrines, qui réussissent à merveille, malgré la plus défavorable exposition qu'on puisse imaginer. Le vent qui souffle sur elles, vient de l'est, rase la pleine mer, et n'est pas même atténué, comme ici, par les mâts des navires, les jetées du port, et les montagnes de la baie.

Ce n'en est pas moins une des plus délicieuses promenades d'Italie. On y joue, toutes les nuits d'été, des symphonies, des ouvertures; on y sert des pâtisseries, de la limonade, des glaces, et, malgré la distance, chacun, riche ou pauvre, en voiture ou à pied, se fait un plaisir d'y courir.

Les façades.

N'est-il pas surabondamment prouvé que la façade entre pour les deux tiers dans la valeur effective d'un immeuble ? La façade c'est, à vrai dire, le visage de la maison. Par elle, on juge du dedans. Triste, elle vous repousse ; et gaie, vous attire quand même.

— Nos façades, direz-vous, travail provisoire et grossier d'une époque où le temps et l'argent manquaient tout à la fois pour suffire aux premiers besoins de l'immigration, sont destinées à bientôt disparaître. Déjà, grâce au ciment de la Valteline, la maison Hémart vient de s'ornementer dans le goût de la renaissance ; et d'après certains bruits, il ne s'agirait rien moins que d'imposer la nouvelle décoration aux autres maisons de la place.

— Hélas ! hélas ! toujours les mêmes errements. Pourquoi des façades pareilles ? pourquoi la renaissance, ce style usé jusqu'à la corde, discrédité par les estaminets ? Il me semble que si j'étais architecte ici, je ne dormirais pas avant d'avoir trouvé, par un adroit mélange des divers styles orientaux, byzantin, maure, persan et russe, quelque chose de neuf, d'élégant, de local, qui pût à la fois surprendre, charmer le regard, et satisfaire aux exigences du climat.

Un jour viendra, j'en ai le ferme espoir, où grâce aux sarcasmes réitérés des artistes et des gens de goût, vos triglyphes, vos denticules, vos raies de cœur, vos feuilles d'acanthe banales, tomberont sous le marteau vengeur de constructeurs mieux inspirés, auxquels Sainte-Sophie de Constantinople, l'Alhambra de Grenade, les monuments d'Ispahan, les temples de Moscou, les palais de Mustapha-Pacha, serviront tour à tour, ou tous ensemble, de modèle.

Donc, plus de nudité, plus d'uniformité, plus de ces rengaines architecturales qui rappellent au souvenir, le Nord, ses frimas, ses misères, ses servitudes.

Sauf quelques variantes, de reste indiquées par le milieu dans lequel nous sommes placés, modelez-vous sur l'Italie.

Partout des terrasses. Le nouveau débarqué se dit : Les toits à pignon sont faits pour la neige ; plus de toits à pignon, plus de neige.

Les peintures murales si répandues à Gênes et dans la Lombardie, pourraient être, chez vous, (en attendant que je dise chez nous), très avantageusement remplacées par des placages de faïence, comme on voit, dans la rue Bruce, au palais du sous-gouverneur. C'est du plus pur style mauresque.

Qui vous empêcherait d'adopter, pour la voûte des pour arcades. l'encadrement des portes et le chambranle des fenêtres, l'ogive arabe, c'est-à-dire l'arc aigu au sommet, et rentrant à sa base en façon de fer à cheval ? Il ne coûte pas un centime de plus, et le coup d'œil qu'il offre est beaucoup plus piquant.

Les balcons.

Ce que je voudrais principalement voir établir dans toutes les rues, à tous les étages, ce sont des balcons ; non pas de ces balcons maigres, étroits, inhospitaliers, que deux ou trois personnes suffisent à remplir, mais de vrais salons aériens, capables de porter une famille entière; des *miradores*, comme on en voit à Malte et dans les villes du midi de l'Espagne.

— Ça coûte gros, objecteront les propriétaires; et ça surcharge le bâtiment, ajouteront les architectes.

— Vos lourds balcons de pierre, soit ; aussi n'en faut-il mettre qu'au premier. Pour les étages supérieurs, on se contenterait de planches de sapin posées sur des tiges de fer, et recouvertes de minces carreaux de faïence, d'ardoise ou de marbre.

A Naples, je ne sais rien de plus original que ces multitudes de balcons, tous différents de largeur et de forme. s'avançant inégalement au-dessus de la voie publique, comme des jardins suspendus.

Et vrais jardins, je vous l'atteste. On y voit, non pas seulement du gazon, des fleurs, des arbustes, mais des arbres même, grands arbres qui s'élancent par jets vigoureux dans l'espace, et vont parfois jusqu'à mêler leurs branches aux ramées du balcon voisin.

Et le soir, à l'abri de ces bosquets saturés de parfums, viennent s'asseoir des sociétés entières : joyeux pêcheurs pinçant de la guitare, radieuse matrone à la robe écarlate, suaves jeunes filles jouant de l'éventail, et chantant à la lune *una dolce canzonetta d'amore.*

Certes, pareilles rues auront beau manquer de lumière, elles ne paraîtront obscures à personne, et le passant ne dira jamais d'elles, comme pour tant de rues d'Alger, citées entre les principales, rue de Tanger, rue des Consuls, rue des Trois-Couleurs : Peut-on demeurer, peut-on vivre ici !

Les Édifices.

Quant aux édifices publics, la question ne semble pas tout d'abord facile à résoudre. Ces constructions-là demandent des prix fous, et la ville, à l'entendre, est pauvre comme Job.

On a déjà dépensé plusieurs millions pour la cathédrale qui, nonobstant, n'est pas avancée même de moitié. La terminera-t-on jamais ?

En additionnant tous les frais occasionnés par la construction du théâtre, déblai du terrain, soutènement des pentes, établissement du grand escalier, concession d'immeubles, réparations, locations, indemnités diverses, on atteint le chiffre énorme de quatorze cent mille francs. Il est vrai d'ajouter qu'au moins le théâtre, toute question d'élégance et de commodité réservée, est fini.

On a déjà payé pas mal d'écus pour le nouveau lycée du quartier Bab-el-Oued. Il faudra dépenser encore plus de douze cent mille francs avant que la jeu-

nesse algérienne y puisse goû'er à son aise les douceurs
de la géométrie et du thème latin.

Je conçois qu'en présence de pareils totaux, on y regarde à trois ou quatre fois avant de commencer tant
d'autres monuments, dont le besoin se fait chaque
jour plus vivement sentir : un hôpital, des églises, une
bourse, un marché couvert, un hôtel des postes, que
sais-je !

Mais alors, pourquoi s'appliquer à construire des bâ-
timents épais et massifs comme dans le Nord ? Avec
vos longs étés sans pluie, vos hivers sans dégels et votre température égale, qu'avez-vous besoin de ces
murs profonds, de ces voûtes cyclopéennes ?

La mosquée de la Pêcherie n'a certes pas coûté la
dixième partie de ce qu'ont déjà demandé les travaux
de la cathédrale. Elle dure pourtant depuis deux ou
trois siècles. Rien ne fait craindre encore pour sa solidité. Et son aspect enfin, si vous écoutez les artistes,
dépasse en bon effet, en caractère, en originalité, tout
ce qu'on a bâti depuis la conquête.

Il serait donc à désirer qu'on adoptât, pour nos monuments africains, une structure plus légère, un style
plus oriental, et, pour une somme relativement mini-
me, nous verrions Alger se couvrir d'églises, de mosquées, d'hôtels et de palais en rapport avec son beau
ciel, en harmonie avec ses traditions architectoni-
ques et tels enfin que l'étranger ne fût plus influencé,
dans ses explorations, par le souvenir des analogies
toujours écrasantes des chefs-d'œuvre de la métropole.

Imitons l'Italie.

V

IMITONS L'ITALIE.

Le lecteur va se récrier :

— A tous propos, vous citez l'Italie. Ne connaîtriez-vous que ce pays là, ou bien nul autre, selon vous, ne mériterait-il qu'on le prît pour modèle ?

— J'ai vu, en Belgique, des toits pointus comme des éteignoirs, conformation utile sinon gracieuse qui, laissant la neige glisser, évite aux maisons qu'ils recouvrent, une dangereuse surcharge.

Il y a, en Allemagne, d'énormes poêles, qui chauffent des maisons entières, avec une notable économie de combustible.

J'ai beaucoup admiré, en Prusse, la profusion et la magnificence des jardins d'hiver. A Berlin, à Dantzig, les cafés ne sont, à vrai dire, que des serres tempérées dans lesquelles, au sein d'une atmosphère attiédie à grand renfort de charbon et de coke, on absorbe la bière et pompe le soda.

La Hollande produit des patineurs hors ligne, et les patins s'y confectionnent avec un talent sans égal. On

voit, dans ce pays, les laitières portant des vases pleins
sur leur tête, tricotant pendant leur route, franchir en
peu de temps des espaces très considérables, pour aller vendre leur lait dans les villes environnantes. Elles
font souvent, de la sorte, plusieurs kilomètres avec une
incroyable rapidité.

Qui ne connaît la supériorité de l'Angleterre pour
la fabrication des lainages ? Témoin cent vêtements
d'hiver dont les noms britanniques attestent l'origine :
le carrick, le raglan, le dorsay, le water-pruff, le mac-
kintosh.

Il me faut avouer humblement que je ne suis jamais allé jusqu'en Russie. La peur du froid m'a toujours retenu (36 degrés au-dessous de zéro !). Mais je
connais assez de cosaques et de kalmoucks, pour savoir
que Saint-Pétersbourg n'a pas son pareil au monde pour
la perfection des traîneaux et la richesse des four-
rures.

Les Norvégiens, pour marcher sur la neige épaisse
qui couvre presque toute l'année leur triste pays, at-
tachent à leur pieds de longues et minces planchettes
de bois très flexibles, qu'ils appellent *skier*, et à l'aide
desquelles ils déploient une adresse et une agilité surprenantes.

Mais de quel intérêt pourraient être pour vous, heureux favoris du soleil, ces inventions hyperbo-
réennes.

L'Italie à votre climat, et des siècles de civilisation
exquise lui ont enseigné l'art d'y vivre avec un goût,
une aisance, un bien-être, que peu de peuples ont
connus.

Pourquoi, dès lors, chercher des exemples ailleurs ?

VI

GUERRE A L'UNIFORMITÉ.

—

Paris.

Si, pour bien des détails, Paris peut servir de mo
dèle, il est, en ce moment, la proie d'une manie fu
neste, abrutissante, mortelle, qu'il faut à tout prix évi
ter : l'uniformité.

Paris eut mon premier amour, non pas le Pari
d'aujourd'hui, mais le Paris du temps de Louis-Phi
lippe.

Il s'y trouvait alors, mêlés aux quartiers lumineux
des coins pleins d'ombre et de mystère : les allées si
lencieuses du boulevard des Capucines à côté du brou
haha de la Chaussée-d'Antin, les berges gazonnées d
la Seine au pied de la colonnade du Louvre.

Toutes les maisons différaient entre elles de hauteur et d'architecture.

Les quartiers avaient chacun leur physionomie propre. C'étaient comme autant de villes distinctes. Le faubourg Saint-Germain, le quartier latin, le Marais, le Gros-Caillou, ne se ressemblaient pas plus que Draguignan ne rappelle Bayeux.

Les boulevards, les rues, suivaient des courbes pittoresques, des accidents inattendus de terrain et de direction, qui ménageaient les effets et multipliaient les surprises.

Les centres d'animation, les rendez-vous de plaisirs ou d'affaires, ne se comptaient pas par douzaines, mais on pouvait s'y rendre avec la certitude de les trouver toujours assidûment fréquentés.

La campagne n'était pas loin. Montmartre, Auteuil, Popincourt, aujourd'hui couverts de moellons, en faisaient partie. Vingt minutes de promenade, et vous pouviez vous étendre à souhait sur l'herbe, dormir à l'ombre des grands arbres, ou dessiner un site agreste. Il n'y avait que l'embarras du choix.

Loin de moi l'idée de prétendre que tout fût alors pour le mieux dans la meilleure des capitales. L'hygiène, la sécurité, les chemins de fer, l'accroissement de la population, le progrès général, l'exemple enfin, tout appelait d'importantes modifications.

Mais ne pouvait-on les réaliser sans bouleverser la ville de fond en comble ? Ne pouvait-on, si augmenté, si restauré, si embelli qu'on le voulût, conserver Paris, au lieu de mettre à sa place un pastiche de Londres ou de Saint-Pétersbourg ?

On aura beau vanter ces places grandes comme des déserts, ces rues droites comme des railways, ces maisons uniformes comme des casernes, je ne leur trouve, pour ma part, d'autre mérite que d'engendrer le plus superbe, mais aussi le plus dissolvant de maux, l'ennui.

Vous avez une course à faire. Telle rue, tel numéro. Vous en demandez le chemin.

— Tout droit, tout droit, toujours tout droit ; deux kilomètres.

Vous marchez, vous courez; et pendant vos deux mortels kilomètres, vous avez continuellement devant vous, sempiternellement derrière vous, le même point de perspective; toujours à droite, sans cesse à gauche, la même invariable façade; si bien qu'après vous être escrimé des milliers de pas, il ne vous semble point avoir avancé d'un seul.

Pourquoi nous baissons.

Nombre d'étourdis admirent sur parole ce stupide produit du moule et du cordeau.

— C'est magnifique ! répètent-ils à l'unisson, comme un cénacle de perroquets.

L'un cependant perd sa gaieté, l'autre son appétit celui-ci son talent, celui-là son courage.

— Nous allions mieux naguère C'est le temps, c'est l'âge, il faut croire.

— Eh non, bourgeois candide, non ; c'est l'uniformité.

Les gens d'observation se sont bien vite, eux rendu compte du phénomène; le poète et l'artiste surtout, qui l'amusant, le varié, le beau, ne semblent pas moin indispensables que l'utile.

— Et quoi, s'écrient-ils indignés, les traditions sécu

laires de l'art nous ont légué, pour nos habitations,
plus de mille modèles, et de ces mille, vous ne savez
prendre qu'un seul, et ce seul, vous le choisirez entre
les plus vilains, entre les plus bêtes de tous ! Le char-
treux, pour vivre de racines au sein de l'abondance,
a des raisons plus ou moins plausibles, mais vous !

— Pourtant, la population de Paris, loin de dé-
croître en ce remaniement, ne fait tous les jours qu'aug-
menter.

— Soit ; mais le génie ?... Le temps n'est plus où
les Châteaubriand, les Casimir Périer, les Lamartine,
les Victor Hugo, les Béranger, les Marilhat, les De-
camps, les Vernet, les Balzac, tous Parisiens de fait,
sinon d'origine, monopolisaient, au profit de la France,
l'intelligence humaine.

Ce que nous avons encore d'historiens, d'orateurs,
de romanciers, de musiciens et de peintres fameux,
ne sont guère que les ruines, elles-mêmes en train de
tomber, d'un riche passé disparu.

Une profonde décentralisation des choses de l'esprit
s'est opérée depuis tantôt quinze ans ; et si nous dai-
gnions quelque peu voyager, ou savoir les principales
langues étrangères, nous reconnaîtrions quelle avance
ont prise sur nous, dans le domaine de la pensée, l'Italie, l'Angleterre et l'Allemagne.

— Et tout cela pour des maisons uniformes ?

— Oh ! comme l'unanimité sa sœur, l'uniformité
n'est qu'un simple effet, dont il faut rechercher la
cause première dans un mal autrement sérieux, la ser-
vitude des esprits.

VII

LA CATHÉDRALE

LÉGENDE.

—

Un jour que je flânais avec un Arabe de ma connaissance, nous vînmes à passer devant la cathédrale.

Elle avait. comme toujours, l'aspect d'un monument en fièvre de bâtisse. Pierres de taille, moellons, marbres épars, échafaudages, scies, marteaux, rien n'y manquait, pas même l'enseigne réglementaire : *Défense d'entrer dans le chantier.* Mais d'ouvriers, nulle apparence.

— Du train dont ils y vont, ils ne la finiront pas de sitôt, dis-je.

— Ils ne la finiront jamais !

Le ton d'assurance et presque de défi avec lequel fut prononcée cette réplique, excita ma curiosité. Je priai l'indigène de s'expliquer. Nous étions fort intimes. On peut très bien, n'en déplaise à M. Louis Jourdan, du *Siècle*, être à la fois arabophile et colonisateur. Il reprit aussitôt :

— El Hadji ben Lakdar était un des plus fervents disciples du prophète.

L'invasion des chrétiens l'accabla de douleur.

Son désespoir n'eut plus de bornes lorsqu'il apprit que la jolie mosquée des Ketchaoua, dont il était le muezzin, allait passer au culte catholique.

Il resta toute une semaine sans boire, ni manger, priant Dieu nuit et jour d'épargner à l'islam une telle humiliation.

Un soir très tard, que resté seul dans la mosquée, le front prosterné sur les nattes d'alfa, les yeux tout humides de pleurs, il venait d'accomplir son centième rekka, (le *Pater noster* du mahométisme), il vit paraître tout-à-coup, sur le mur que blanchissait un magnifique clair de lune, l'ombre d'un coréligionnaire. Babouches, burnous, turban, rien n'y manquait.

Mais il eut beau chercher partout, à droite, à gauche, devant, derrière lui; personne. D'ailleurs n'avait-il pas la clé du temple dans sa ceinture?

Deux minutes ne s'étaient pas écoulées depuis cette apparition, qu'une vague odeur de couscoussou (l'ambroisie de l'Olympe islamique) embauma soudain l'atmosphère.

Nouvelle perquisition du croyant. Personne !

Le prélude d'un larynx qui s'apprête à parler se fit enfin entendre : hum ! hum !

Ben Lakdar, de plus en plus effrayé, prend ses babouches et se dirige en courant vers la porte de sortie, lorsque ces mots prononcés d'une voix sonore, retentissent à son oreille :

« Cesse de craindre, hadji ; les esprits malins n'ont aucun pouvoir sur l'homme vertueux. Je suis un bon djinn, et je viens exaucer les prières.

» Il ne se peut agir, hélas ! d'expulser les roumis d'Afrique. Ce qui est fait est fait, et ce qui est fait est bien fait, a dit le prophète. Mais la profanation de ces mécréants ne restera pas impunie.

» Ils vont prendre, comme ils ont dit, ta précieuse mosquée pour en faire leur cathédrale.

» Or, écoute :

» Cette cathédrale, ils n'en pourront jamais posséder à la fois qu'une moitié. L'autre m'appartiendra ; tantôt le chœur, tantôt la nef.

» Veux-tu plus de détails ?

» Ils commenceront par prier dans l'endroit où nous sommes.

» Le chœur construit, d'après mes plans, je leur insinuerai qu'une ancienne mosquée ne saurait dignement abriter le héros du Calvaire

» Ils en sortiront donc pour la rebâtir en forme de nef.

» Cette nef achevée (encore d'après mes plans), il ne me sera pas difficile de leur persuader que le chœur n'est plus en rapport avec le reste de l'édifice.

» Ils quitteront le chœur, dont la reconstruction me regarde, et se confineront dans la nef.

» Le nouveau chœur, à la veille d'être consacré, je ne me donnerai même pas la peine de parler pour les chasser de la nef. Un prélude d'écroulement les en fera lestement déguerpir.

» Et toujours, et toujours ainsi, jusqu'à la fin du monde. »

A ces mots, la voix se tut, l'odeur s'évanouit, et l'ombre se retira du mur.

El Hadji ben Lakdar consolé reprit le chemin de sa demeure. Il mangea bien, but bien, dormit bien. Les pivoines de la santé refleurirent sur son visage, et c'est de sa bouche même que je tiens cette histoire.

L'Arabe, cessant tout à coup de parler, me regarda fixement comme pour jouir de ma confusion. Que pouvais-je, en effet, répondre ? Les prédictions de son hadji ne se sont-elles pas exactement réalisées ?

Soit ! vous n'aurez jamais qu'une demi-cathédrale. *Sic fata voluerunt*. Mais le bon djinn qui, paraît-il, exerce sur l'immeuble un certain pouvoir, voudrait-il bien, par charité, permettre à de pauvres chrétiens le libre accès de la moitié dont il daigne leur laisser l'usage.

Pourquoi donc, en effet, ces portes étroites et ces cloisons de menuiserie entre lesquelles on ne peut défiler qu'un à un, comme devant le guichet d'un théâtre ?

Le dimanche surtout, au sortir de la messe, c'est un tableau médiocrement édifiant que cette cohue de fidèles, jouant des coudes, se poussant, jurant. à la grande confusion des cors et des oreilles, des chapeaux et des crinolines.

En Italie, l'entrée de toutes les églises est presque aussi large que la nef elle-même, et ne connaît, le jour, d'autre obstacle qu'un grand rideau flottant, dont on a même soin de relever le bas aux heures des offices.

Et l'on ne voit pas, comme ici, d'honorables personnes entrer dans la maison de Dieu à la façon de taupes ou de rats qui se glissent dans leurs trous.

VIII

LE LOGEMENT.

Plus j'avance dans la vie, et plus pénètre en moi cette conviction que nos pensées, notre conduite, notre bonheur, dépendent bien plutôt de certaines causes petites mais immédiates et continues, que de ces grands motifs dont l'action est nécessairement toujours accidentelle et passagère.

Exemple : le logement.

Tant que j'ai pu demeurer à Paris dans mon quartier de prédilection, sous des lambris très ordinaires, mais en plein soleil du midi, avec un grand balcon dominant plusieurs boulevards, je ne me suis que très médiocrement préoccupé des transformations de la capitale. C'est seulement lorsqu'il a fallu quitter cet amour de petit nid pour un appartement plus doré, sans doute, mais sans balcon, sans soleil et sans perspective, que le vague besoin d'expatriation m'est venu.

Les villes que j'ai le plus aimées dans mes voyages

sont celles-là précisément où je me suis trouvé logé le plus suivant mon goût.

A Bruxelles, à Hambourg, à Turin, à Florence, à Rome, j'habitais des hôtels ennuyeux. Je déteste Bruxelles. Hambourg, Turin, Florence et Rome.

A Genève, ma chambre avait quatre fenêtres, des divans, des tableaux, et donnait sur la chaîne des Alpes. Je suis resté plus de six mois à Genève, et je n'y retourne jamais sans plaisir.

A Menaggio, près de Côme... Mais qu'étiez-vous, cher *albergo* plein de caresses, réduit coquet tout émaillé de fresques italiennes, fenêtre ouvrant sur ces riches campagnes, Bellaggio, Sommariva. Tremezzina, que baignent les eaux bleues du plus romantique des lacs, qu'étiez-vous auprès de la douce amie qui partageait alors mes destinées errantes ! Menaggio, dans mon souvenir, est synonyme d'Eldorado.

Les principaux hôtels de Gênes sont de véritables palais, avec plafonds historiés, statues de marbre, lits de six pieds carrés, larges balcons en vue de la terrasse publique et du golfe. Je suis retourné douze fois à Gênes.

A Naples. il y a sur le quai Sainte-Lucie, de vastes chambres à bon marché, garnies de meubles rococo, mais commodes, et percées de portes-fenêtres d'où l'on découvre un splendide panorama. C'est la baie dentelée de verts promontoires, et semée d'îles aux contours gracieux, aux noms sonores et poétiques : le Vésuve, Sorrente, Misène, Ischia, Nisida, Capri. Je suis allé cinq fois à Naples.

Enfin, j'ai dans l'idée que mon petit perchoir de la place du Gouvernement est pour beaucoup dans les raisons qui me font préférer Alger à toutes les villes du monde, à Paris même où devraient me fixer tant d'intérêts et d'affections.

Les logements algériens.

Mais avant de le découvrir, cet inestimable perchoir, que de maisons il m'a fallu fouiller ! J'ai bien visité cent appartements. La vue manquait aux uns, l'air et l'espace aux autres. Obscurs étaient ceux-ci ; humides, malpropres ceux-là.

Puis, des constructions inouïes. Pas une porte bien placée, pas un angle droit, pas un mur d'aplomb, pas deux cloisons parallèles. L'emploi du compas et de l'équerre, dont on ne trouve que trop la trace en dehors des maisons européennes d'Alger, semble être demeuré totalement inconnu au dedans.

Pour les distributions de pièces, elles m'ont plus d'une fois rappelé ce fameux labyrinthe de Crête, où Thésée n'osa s'engager que muni d'un fil conducteur.

Si la population a pu croître en de pareilles conditions, quel plus rapide essor ne lui promettent pas les superbes maisons qui surgissent de toutes parts !

Mais ne saurait-on néanmoins, et sans beaucoup de peine ni d'argent, remédier à l'incommodité des anciennes ?

Que, dans toutes les rues de largeur suffisante, on ajoute à chaque fenêtre un de ces balcons spacieux mais légers, dont j'ai dit quelques mots à propos de la perspective.

Ne voilà-t-il pas tout de suite quantité de locaux agrandis, d'existences améliorées ?

Les chambres à coucher, le cabinet de toilette, la cuisine, restent tels quels à l'intérieur ; mais la vie se porte dehors tout entière,

On travaille, on reçoit, on mange sur le balcon ; on
y cultive force fleurs, on y respire le bon air, on y cause
et voisine ; la gaîté, la santé, le bonheur s'en suivent ;
et l'on n'éprouve plus qu'à rares intervalles,ce besoin
de sortir qui cause si souvent tant de dissipations, de
de désordres et de ruines.

Dans les grandes rues, auxquelles une malencontreuse économie a refusé les arcades, rues d'Isly, Rovigo, de Tanger, on pourrait introduire des perfectionnements plus généraux encore.

Il s'agirait d'établir, au-dessus des trottoirs, un
système de galeries superposées, dans le goût de celles
qui encadrent si utilement les cours des habitations
mauresques.

Par raison de prudence et de solidité, les colonnes
ou piliers du bas seraient de marbre, de grès ou de
fonte, mais rien n'empêcherait que, pour les autres, on
employât le bois.

Des chapiteaux garnis de broussailles en fer, ou des
corniches de tesson, comme il s'en voit sur certains
murs, garantiraient au besoin les ménages de l'esca-
lade.

La ville trouverait, dans un semblable arrangement,
ces précieux abris dont les rues Bab-Azoun, de la Marine et Bab-el-Oued, ont depuis si longtemps fait apprécier les avantages, et les propriétaires verraient
certainement leur dépense compensée, et au-delà, par
la plus value que donneraient à leurs immeubles ces
larges portiques qui, répétés avec plus ou moins de
luxe à tous les étages, offriraient aux habitants, des
agréments de séjour bien autrement complets que ceux
du balcon restreint.

Les logements d'Étrangers.

Alger, comme séjour d'hiver, prétend détrôner Nice, Naples, Funchal, Palerme. Une propagande active se fait en ce sens, et je m'y suis moi-même assidûment employé.

Je me demande néammoins si, dans ce zèle ardent, je n'ai pas trop écouté la voix des satisfactions personnelles. Ainsi que l'infortune, le bonheur aveugle, et pour bien juger une chose, il faut l'examiner d'un œil indifférent.

Plusieurs amis, d'ailleurs, qui gagnés par mes hyperboles, étaient venus, l'année passée, se joindre à moi, sont repartis assez déçus pour, en guise d'adieu, laisser à la métropole algérienne le juron de maître corbeau.

Un de leurs principaux griefs était la rareté, ou plutôt l'absence absolue de logements convenables.

En effet, si les gens du pays ne tiennent guère au soleil, dont ils ont plus souvent à se plaindre qu'à se louer, les étrangers. venus surtout pour lui, sont bien aise de n'en rien perdre.

Or, combien pourriez-vous leur offrir de maisons garnies, franchement exposées au sud ? L'hôtel de la Régence, utile au voyageur qui passe. mais ne convenant plus pour un séjour suivi. La maison d'Apollon, non moins bien située, mais fort petite, et n'ayant par appartement que deux chambres au plus, et pour accès qu'un pauvre escalier de service. Enfin, trois ou quatre locaux informes, biscornus, dans les environs du théâtre.

Pour le reste, je ne vois plus que des façades au levant, au couchant, au septentrion. Les palais du fameux boulevard, sur lequel on fonde tant d'espoir, n'auront plus, dès midi, le moindre rayon de soleil, et le vent d'est, habituellement si cru, les cinglera de prime abord.

Dans la même ville, à une heure donnée, la température des appartements peut, suivant leur exposition, varier de sept à huit degrés. La moyenne thermométrique de Nice, par exemple, étant précisément de sept à huit degrés au-dessous de celle d'Alger, il résulte forcément qu'à Nice, une chambre sise au midi est aussi chaude que, chez vous, la même chambre ouverte au nord.

Qui, dans de telles conditions, ne préfèrera cent fois Nice, où l'on arrive sans passer la mer, où l'on trouve à souhait des logements de toute espèce, en air salubre, en plein soleil, et dont plusieurs théâtres, un choix de casinos des jardins et des promenades, rendent si gai le séjour !

Je ne sais trop ce qu'Alger pourrait faire dans l'intérêt de sa réputation comme résidence hyémale. Bâtir au midi, mais dans quel endroit ? Petite, petite est la ville, immense la zone des servitudes. Restent les environs. On y trouve déjà quelques villas commodes. Mais il en faut bien vite multiplier le nombre, car leur solitude en rend le séjour passablement triste.

IX

LE COMMERCE,

—

Chez les montagnards écossais...

La visite impériale de 1860 a créé pour Alger d'éternels souvenirs. Qui ne se rappellera toute sa vie l'animation que l'approche du souverain répandit par les rues, si vivantes déjà d'ordinaire !

Les arrivages se succédaient, il faut dire, avec une fréquence inouïe. De nouvelles crues d'étrangers inondaient incessamment la ville, et fluaient jusqu'aux combles des auberges les plus ignorées.

Combien n'ai-je pas vu de familles cossues, avec leur suite imposante de malles et de portefaix, battre le pavé du matin au soir, et s'aller lasser, de guerre lasse, au fond de quelque bouge !

Vos connaissances les plus éloignées, vos amis les plus sédentaires, se trouvaient inopinément sur votre

passage, et vous les regardiez, et vous leur serriez la
main, sans songer à vous étonner, tant d'autres choses
surprenantes affolaient votre esprit.

La rencontre d'une personne enterrée depuis longtemps n'eût produit, sur vos yeux blasés, qu'un médiocre effet.

Une pareille affluence devait éveiller la cupidité de
ces industriels pour qui tout voyageur est une proie.

On s'est beaucoup plaint des spoliations exercées,
dans ces derniers temps, par les hôteliers, cochers et
cabaretiers de Paris, sur les candides visiteurs qu'atti-
rent périodiquement nos expositions et nos anniver-
saires.

Alger, a pour coup d'essai, trouvé moyen de renché-
rir sur ces abus. Ils se sont même élevés à la hauteur
d'un scandale public, et l'*Akhbar*, si discret, si réservé,
si paternel, chaque fois qu'il s'agit de critique ou de
blâme, s'est vu, quoique à regret, forcé de rappeler ses
concitoyens à la pudeur, ou plutôt à l'intérêt mieux entendu, leur exposant de qu'elle triste et préjudiciable
réputation leur rapine effrénée menaçait l'hospitalité
algérienne.

Mais, comme on dit, ventre affamé n'a pas d'oreilles.
L'impudence des aubergistes prit, encore cette fois,
des proportions calamiteuses. On m'a cité des rapts ef-
frontés, des intimidations pendables. Les commissaires
n'y suffisaient plus; il fallut se faire justice soi-même.

Un peu plus, et la loi de Lynch entrait en vigueur.

Je me crus d'abord épargné dans la tourmente géné-
rale.

C'est jouer de bonheur, pensai-je. Après tout, les
cinq francs par nuit qu'on me fait payer pour ma chambre, ne pourraient guère supporter d'augmentation.

Je comptais sans mon hôte. Un matin, cinq jours avant le débarquement de l'Empereur, dont la visite, bien que généralement attendue, restait encore pour quelques-uns douteuse, mon perfide logeur se présenta chez moi. Rien n'altérait la sérénité de son visage; sa voix ne tremblait pas.

— Monsieur, dit-il ex-abrupto, je crois devoir vous prévenir qu'à l'occasion des fêtes j'ai légèrement augmenté mes prix.

— C'est bien ; mettons six francs, sept, et n'en parlons plus.

— Monsieur, votre appartement (le moindre cabinet se transforme en appartement dans la bouche d'un hôtelier; la chambre, objet de la discussion, était située au troisième étage, et n'avait sur la place qu'une fenêtre, ou pour mieux dire, une lucarne de trois pieds carrés), votre appartement vous coûtera quinze francs par jour, plus dix de nourriture, total vingt-cinq; non compris, bien entendu, les accessoires.

— Mais je mange dehors.

— Tant pis ; que vous preniez ou non vos repas à l'hôtel, vingt-cinq francs.

L'ennui du changement me disposa d'abord à l'acceptation; la fête ne devant durer que trois jours, l'extra ne s'élèverait, après tout, qu'à la somme d'environ quatre-vingts francs.

— Je vous ferai de plus observer, continua l'hôte, comme s'il eût deviné ma pensée, que le nouveau prix courra dès demain...

— Mais l'Empereur n'arrive que dans cinq jours.

— Et se continuera jusqu'au ving-cinq courant.

— Mais l'Empereur s'en va le vingt.

— N'importe; la ville est comble maintenant; plus

place nulle part; les étrangers venus pour Leurs
ajestés resteront, je présume, aussi pour les courses
e Mustapha. Je serais bien sot de ne pas tirer tout l'a-
antage possible de cette double occasion.

Humilié, plus peut-être encore qu'exaspéré, par ces
isolentes prétentions, je résolus de m'y soustraire.
a résistance paraîtra logique aux uns, puérile aux au-
es. Tout dépend du point de vue. Job a le sien ; Cré-
is aussi.

Me voilà donc fouillant la ville depuis l'Agha jus-
'à Saint-Eugène. Mais toutes les maisons regor-
aient.

Dans l'une, cependant, que sa position excentrique
ait protégée, on me fit voir un local sombre, mais
ffisant pour le provisoire.

— C'est dix francs par nuit, dit le propriétaire...

— Accepté.

— Plus l'obligation d'habiter chez moi tant que vous
esterez à Alger.

— Par exemple ! Mais il me faut du soleil, de la vue.
ourquoi donc aurais-je fui Paris !

— Alors marché nul. La circonstance est unique,
t j'en veux profiter pour remplir ma maison d'une fa-
on durable.

Il fallut bien passer sous les fourches de l'autre.

Les logeurs ne furent pas, du reste, les seuls vau-
urs de la curiosité publique. Nombre de gargotiers
nflèrent leur addition d'une manière ébouriffante. On
e rappellera longtemps un restaurateur qui, chargé de
réparer le banquet offert par la ville aux touristes
ouronnés, n'eut pas honte de demander cent cin-
uante francs par tête. Le menu fut, de plus, si pieux, que maint convive dut s'en aller souper après.

Le vol parut assez qualifié pour qu'une commission nommée par la municipalité s'occupât de réviser les comptes de l'audacieux spéculateur.

— Vous êtes peu généreux, me ripostent les Algériens, quand je remémore cet épisode. Il est de telles circonstances où les meilleurs esprits ont quasiment le droit de se troubler. Qu'un rayon de soleil frappe inopinément nos yeux, nous voilà quelques instants aveugle ; on trébuche, on va de travers. Mais bientôt, l'éblouissement passé, nous retrouvons, avec la vue, la fermeté de notre allure.

— Vous le dites ; eh bien ! soit.

Dans les magasins.

Vous entrez chez un papetier.

— Je voudrais un crayon

— De quelle sorte ? Conté, Walter, Gilbert, Mangin, Robertson ?

— Walter.

— Voici.

— Combien ?

— Vingt-cinq centimes.

— Vingt-cinq centimes ! Mais à Londres, à Paris, dans l'univers entier, ce n'est jamais plus de trois sous; et encore obtient-on un notable rabais en prenant la douzaine.

Si le marchand a l'humeur hypocondriaque, il rengaîne ses denrées, et ne souffle plus mot.

S'il est au contraire de doux esprit, il s'offre de lui-même aux explications. Tout lui vient de Paris. Il doit payer la commission, le transport, le déchet, et de plus retirer, outre un légitime bénéfice, l'intérêt de son capital, intérêt qui n'est plus à cinq ou six pour cent, comme en France, mais bien à dix, et parfois davantage.

Voulez-vous un livre ? Il faut donner le prix marqué sur la couverture, c'est-à-dire, vingt, vingt-cinq, trente pour cent plus cher que dans les librairies de la métropole, où le bénéfice de la remise est généralement acquis à l'acheteur, qu'il la demande ou non.

Ainsi, les classiques de Firmin Didot, dont le prix net n'est en France qu'un franc soixante-quinze centimes, coûtent ici trois francs.

A part les objets de première nécessité, dont la concurrence a forcément baissé les prix, hormis aussi certaines exceptions, que je me ferais un plaisir de signaler, n'était la crainte d'empiéter sur les terres de la réclame, le commerce algérien, surtout pour ce qui concerne les objets d'art et de fantaisie, est, en grande partie, calqué sur ce modèle.

Les marchands eux-mêmes ne s'en cachent pas. Nous avons la réputation de vendre cher, disent-ils; se hâtant toutefois d'ajouter comme palliatif : mais nous ne donnons que du bon. Et puis ne faut-il pas que les bonnes pratiques paient la part des mauvaises ?

— En est-il donc tant ?

— Dix fois plus qu'ailleurs, et d'invétérées. Le quart d'heure de Rabelais venu : « Sortir des dettes, jamais! Devoir est vertu héroïque », répondent-elles superbement, comme Panurge, à la meute aboyante de leurs fournisseurs ; se gardant bien de citer à la suite, la riposte de Pantagruel : « Jamais ne me ferez entrer en dettes. Suis d'opinion que n'erraient les Perses estimant le second vice être mentir, le premier être devoir. »

Plusieurs magasins d'Alger suivent encore une vieille méthode, dont le progrès des lumières et l'épuration de la morale ont fait depuis longtemps justice en France. Le prix n'est pas marqué sur les objets, ou du moins ne s'y montre-t-il qu'en chiffres incompréhensibles.

J'ignore le but de ce mystère. Je ne sais pas non plus quel accueil lui fait le public. Tout ce que je puis affirmer, c'est que, pour moi, je fuis, à l'égal d'un guêpier, ces maisons hiéroglyphiques. J'imagine toujours qu'on va profiter de mon air candide pour me demander plus qu'aux autres.

Et de tout ceci, que résulte-t-il? La meilleure part des consommateurs échappe au commerce algérien. Tous ceux qui font de temps en temps le voyage de France, et le nombre en est grand (trop grand), profitent de l'occasion pour s'approvisionner de livres, de linge, d'habits, et de ces mille petits objets que les bazars de Marseille, aussi bien que ceux de Paris, livrent à si bon compte.

Les étrangers, de leur côté, charitablement avertis, ne se hasardent plus d'aborder ici que la malle amplement fournie de tout ce qu'ils supposent devoir leur être utile pendant le cours de l'hivernage.

Demandez au premier négociant venu, depuis la porte d'Azoun jusqu'à la porte de l'Oued, comment va le commerce. Sauf l'époque du nouvel an, où l'usage forcé des étrennes bouleverse les lois de toute économie, il poussera de longs soupirs.

A qui la faute?

X

LES PLANTATIONS URBAINES.

En France.

A mesure que l'usage des chemins de fer se généra-
ise, à mesure aussi les populations tendent à déserter
es champs pour habiter les villes.

Il en résulte, à la charge de ces dernières, un en-
assement de moellons et une extension de limites,
dont les inconvénients ne peuvent être compensés que
par la création, je ne dirai pas de promenades (on n'a
que trop le loisir de trotter en ces vastes Babylones),
mais de bosquets, de jardins, de squares enfin, puis-
qu'il faut les appeler par leur nom britannique, où
chacun puisse trouver, à deux pas de chez soi, le calme, le repos, des fleurs et de l'ombrage.

Paris s'est littéralement saigné pour avoir des
squares. Ceux du Temple, de Sainte-Clotilde, de Ven-

timille, de la Tour Saint-Jacques, ont coûté millions sur millions.

Bordeaux, Brest, Lyon, Marseille, n'ont pas manqué, dans leur récent accroissement, de réserver, pour y planter des squares, les terrains les plus avantageusement situés, ceux qui, mis en vente au profit du bâtiment, eussent donné de huit à neuf cents francs le mètre.

L'été dernier, pendant le court séjour que je fis à Paris, l'une de mes premières visites fut pour le théâtre des Arts-et-Métiers. Il s'agissait d'examiner le système nouveau qui place l'éclairage en dehors de la salle.

Ma curiosité satisfaite, j'essayai de la raviver aux péripéties du drame. On représentait le *Secret de miss Aurore*. Je me sentis bientôt accablé de sommeil.

Que faire? Il n'était que neuf heures. Je sortis nonobstant. L'air me réveillerait.

Vis-à-vis du théâtre se trouvait un jardin de création récente. Je m'y rendis machinalement.

Nombre de bancs en bordaient les allées. Je m'assis sur l'un d'eux.

Réparateur effet d'un simple carré de verdure ! Peu à peu la douce fraîcheur des jets d'eau, l'influence chimique des feuilles d'où, prétend-on, s'exhale un gaz hygiènique, le suave parfum des plantes, le tableau de mille bonheurs se déployant autour de moi : bambins jouant, jeunes garçons courtisant leur promise, grands parents faisant la causette, bourgeois épelant le journal du soir à la clarté des réverbères, aux rayons de la lune tamisés par les marronniers, tout cela m'occupa si délicieusement, que, venu pour rester cinq minutes, je demeurai jusqu'à minuit.

4

A Alger.

Alger laisse tout à désirer sous le rapport des squares.

Le jardin d'acclimatation, vu son éloignement, n'est guère praticable qu'en voiture.

Les escarpements de son sol, rendent le jardin Marengo plus propre à l'exercice qu'à la flânerie. Non que je blâme l'exercice ; mais utile à certains moments il peut ne pas convenir à d'autres.

Les caroubiers de la rue d'Isly prospèrent au-delà de toute attente, et donneront bientôt un suffisant ombrage. Mais l'exiguité du trottoir, la hauteur des maisons riveraines, et le va et vient des gens affairés, empêcheront toujours que cette voie devienne un lieu de plaisance.

Même obstacle à l'égard du faubourg Bab-Azoun. Les platanes qui le bordent sont en outre condamnés, par avance, à ne jamais dépasser, si toutefois ils l'atteignent, la dimension de ceux de la place du Gouvernement. Il a fallu, pour les entrer, creuser dans le roc vif, et tailler de près les racines. Il sont littéralement empotés.

On a tout récemment garni de caroubiers la nouvelle place de la Lyre. La terre est excellente, les arbres viendront vite ; mais l'endroit manque d'étendue. La perspective aussi n'en est pas des plus gaies. Je ne sache, en effet, rien de fastidieux comme des combles en général, et ceux d'un théâtre en particulier.

Place du Gouvernement.

Ci-devant place d'Alger, place Royale, place de la

République, la place du Gouvernement n'a pas sub
moins de transformations que de noms.

Elle fut d'abord sablée ; mais le double inconvénien
de l'humidité en hiver, et de la poussière en été, fi
remplacer, voilà quatre ou cinq ans, le sable par du ci
ment.

Elle vit tour à tour se suivre, pour l'ombrager, le
accacias, les bellombras, les orangers et les platanes.

Les platanes ont réussi, si l'on peut dire réussis de
arbres qu il faut écimer tous les deux ou trois ans,
peine de les voir mourir d inanition. La terre, en effet
leur a été si parcimonieusement mesurée, que, sans l
précaution d'une diète sévère, ils en auraient bien vit
épuisé tous les sucs.

Nombre de gens prétendent, au contraire, que l
pauvre avenue pourrait croître indéfiniment, sans dan
ger pour son existence, et que le fait de sa mutilatio
provient uniquement du désir exprimé par sept o
huit voisins puissants, de conserver à leurs fenêtres l
vue intégrale du golfe.

Outre que cette raison n'a jamais eu cours null
part, il se passerait peu d'années avant que la natur
ayant porté le principal jeu de la sève à l'extrémité de
branches, permît à l'œil de se glisser au travers, et d'
voir, en plus du paysage, les cadres qui le font va
loir.

Entendit-on jamais, par exemple à Marseille, les h
bitants du cours Belzunce ou des allées de Meillan, r
clamer contre l'élévation des beaux arbres qui borde
ces deux promenades ?

Quoiqu'il en soit, défaut de terre, ou parti pris d'
mondage, si l'ambition des Algériens doit se borner
ne jamais avoir, sur leur plus belle place, qu'une maig

charmille, il est, pour obtenir ce résultat modeste, un moyen bien plus sûr, et surtout plus économique. Je l'ai déjà quelque part indiqué ; mais il vaut bien l'honneur d'une redite.

Et puis, comment, pour se faire valoir, une beauté commune s'y prend-elle au bal? Elle s'assied à côté d'un laidron. Pour donner de la force à de faibles raisons, il suffit quelquefois d'y mêler une absurdité. Puisse le présent avis servir de repoussoir aux autres!

Ce serait de faire confectionner par des chaudronniers, ou des serruriers, une centaine d'arbres en métal, en zinc, par exemple.

Ils recevraient tout de suite, et pour toujours, la hauteur et la forme voulues. Les premiers frais d'installation payés, peut-être un peu cher, on se rattraperait bien vite sur le bon marché de l'entretien.

Plus de taille, en effet, plus de labour ni d'arrosage à défrayer; plus de morts à remplacer, plus de débris à balayer. Durée sempiternelle. Et pour toute dépense, une couche de vert tous les quinze ou vingt ans. Enfin, avantage suprême, des feuilles en toute saison; parasol l'été, parapluie l'hiver.

On a proposé de convertir la place du Gouvernement en square. Pour ce faire, on en crevait les voûtes, y versait de l'humus, et pratiquait sur ce nouveau terrain, des plates-bandes, des massifs, voire même des rochers, avec l'accessoire obligé de sources murmurantes et de rivières sinueuses.

Il y a certes, là, de quoi tenter les bonnes d'enfants et les amateurs de pastorale. Mais pourquoi ne créer qu'au détriment de ce qui est? Vous avez une place; la possession d'un square implique-t-elle donc absolument le sacrifice de la place?

Promenade, chauffoir public, salon de conversation salle de concert, champ de fête, théâtre de parade et d cérémonies religieuses, elle se prête à tout, elle sufit tout, cette excellente place.

Que si le soleil y darde souvent trop, cherchez un autre endroit pour vos loisirs d'été.

Place des Orangers.

Le petit quinconce qui s'étend sous les fenêtres d la Régence, et qu'on a le toupet d'appeler place des Orangers, est une chose vraiment bouffonne.

Les moindres serres de Belgique ou de Normandi renferment des sujets plus beaux que ceux dont il s pare avec un pitoyable orgueil. Voyez! admirez! sem ble-t-il dire aux étrangers qui le lorgnent du balcon voi sin; pleine terre! couleur locale!

Heureusement que Blidah n'est pas loin, pour donne à vos hôtes une meilleure idée de la végétation africai ne.

On paverait de louis d'or ce malheureux coin de terre avec les sommes dépensées pour ses ingrates planta tions; on ferait un gros livre avec l'histoire des essai qui l'ont fatigué depuis la conquête.

Mais quoi! la pauvreté d'un sol, tout entier compo sé de chaux et de gravois, l'outrage accumulé des chien errants et des gamins grimpeurs, l'incandescence d'u soleil décuplé par la réverbération des maisons voisines se sont constamment opposés à la reprise d'essences dé licates auxquelles il faut, pour prospérer, un air pu un milieu forestier, un sol humide et généreux.

Une fois, une seule, on était parvenu à vaincre tan d'obstacles. Des arbres, de grands arbres, balançaier

eurs rameaux d'un vert resplendissant jusqu'à la hauteur du second étage. Une ombre épaisse couvrait leurs
pieds.

Je m'en souviens comme d'hier. C'était au mois d'a-
vril 1853, lors de mon voyage d'essai. Ils me causèrent
une impression si vive, qu'avant même d'entrer à l'hôtel, je voulus connaître leur nom.

On les appelait, me fut-il répondu d'un air dédai-
neux, bellombras ou bellas ombra. Ces végétaux, de
avis de tous, ne méritaient pas même la qualification
d'arbres. Après une croissance rapide, ils décroissaient
non moins rapidément, et s'écroulaient comme des
champignons.

En fait d'attitude, rien de plus mal appris. La désinvolture effrontée de leur tronc, et le tortillement sau-
vage de leurs bras, déjouaient tous les calculs de l'ali-
nement et de la symétrie.

Comme utilité, rien de plus nul. Leurs racines vo-
races appauvrissaient le sol, et leur bois, en retour,
n'était pas même bon à faire un mauvais feu.

Tout le monde avait pour eux du mépris, leur dé-
cachant à l'occasion les plus infamants sobriquets.
N'était-il pas honteux vraiment, que de viles salades
et d'ignobles choux, sans grâce ni parfum, sans durée
ni noblesse, accaparassent effrontément le plus beau
lieu d'Alger ?

Ce ton doctoral m'en imposa. Les nouveaux débar-
qués sont crédules. Et je consentis à dédaigner pro-
visoirement sur parole, les magnifiques ombrages qui
m'avaient émerveillé d'abord. Mais trois années d'exa-
men attentif m'ont rendu pour eux toute l'estime du
premier instant.

Réparation d'honneur leur soit faite !

Éloge du bellombra.

Sous le rapport des titres de noblesse, le bellombra n'a rien à désirer. Premièrement, il est exotique, considération capitale, aux yeux de tant de gens pour lesquels il n'y a de vraiment précieux que ce qui vient de loin. L'Amérique du Sud l'a vu naître. Il porte ensuite, chose de très bon ton dans le beau monde arborescent, un nom latin des plus sternutatoires : *phytolacca dioïca.*

Au point de vue de la beauté, l'éloge semble d'abord moins facile. Des couleurs et des goûts, dit-on, bien fol est qui veut disputer. J'ai nonobstant consulté maints artistes, gens voués, comme on sait, au culte de la forme, et tous, sans exception, se sont accordés à ranger le bellombra parmi les arbres les mieux classés pour le caractère du port, la grâce des embranchements et la richesse du feuillage.

A Marseille, dans les beaux massifs qui précèdent la gare du chemin de fer, on a donné la place d'honneur à un bellombra. Les lauriers, les magnolias, les rosiers, les rhododendrons, l'entourent et lui font cortége. On dirait un roi.

Comme durée, nul ne peut contester aux bellombras du jardin Marengo un âge déjà respectable. Ils datent de la formation de cette jolie promenade, et rien ne fait encore craindre qu'ils doivent de sitôt mourir.

Enfin, l'ombre et la fraîcheur qu'ils donnent, ne constituent-elles pas déjà une utilité suffisante? Ne faut-il apprécier un square qu'en raison des fruits, des poutres et des fagots qu'il rapporte? Alors, prenez pour bêtes d'agrément un cochon et des oies ; condamnez Azor et Jacquot.

N'importe ; les bellombras de la Régence sont tombés devant la réprobation publique ; et depuis, les essais, les dépenses ont recommencé de plus belle, sans donner autre chose que des résultats ridicules.

Ah ! si j'étais l'autorité (ce que, toutefois, plaianterie à part, je n'ambitionne mie), comme j'extirperais, et bien vite, les affreux orangers dont cinq ans de misère ont surabondamment démontré l'impuissance, pour mettre à leur place, sinon des bellombras (il est, tout vains qu'ils soient, des préjugés qu'on ne doit aborder qu'avec ménagement), au moins des caroubiers. Ceux qu'on vient d'essayer rue d'Isly, chemin de l'Agha, cour du collége arabe, ont si rapidement et si bien réussi !

Le palmier.

Le palmier serait, tout naturellement, respecté. S'il a coûté cher de transplantation, il le rend bien par l'effet caractéristique qu'il produit dans la perspective.

Le palmier a, de tout temps, été considéré comme le roi des arbres. Les peuples de tous les pays lui ont adjugé le prix de la beauté. Les fictions de la fable et les métaphores de la poésie font naître le soleil et la lune, Apollon et Diane, sous un palmier, dans l'île de Délos.

Toutefois, pour que la magnificence de cette majestueuse solanée soit complète, il lui faut un compagnon. On ne trouve que rarement, aux oasis, où l'essence abonde, un palmier solitaire. Presque toujours il procède par groupes.

Aussi faut-il faire des vœux pour que le génie, dont c'est, paraît-il, le vague projet, se décide à transférer devant la Régence, le haut palmier que des travaux récents ont à moitié déraciné tout près des fours à chaux de Bab-el-Oued.

Seulement, on voudrait en faire le banal pendant du premier, et le placer, par conséquent, à l'angle opposé de l'hôtel.

Quelle idée ! N'est-ce pas assez de la symétrie des moellons, et nous faudra-t-il bientôt subir aussi celle des feuilles ?

L'arboriculture symétrique est affaire de mode, encore plus que de goût. Très appréciée du temps de Louis XIV, où les arbres eux-mêmes devaient se soumettre à ses lois, et se faire, bon gré, malgré, sous la serpette de l'émondeur, cube, cône ou polyèdre, elle est actuellement bannie de presque tous les jardins de l'Europe.

Pour ma part, je donnerais volontiers les décorations du théâtre, et les figurantes en sus, pour ne pas voir le square de la Tour-du-Pin prendre l'aspect commun d'une garniture de cheminée, avec l'hôtel de la Régence pour pendule, et ses deux palmiers pour flambeaux.

Si la transplantation de ce second palmier doit effectivement se faire, pourquoi ne le mettrait-on pas à trois ou quatre mètres seulement du premier ? On aurait, de la sorte, un de ces couples gracieux que l'habile nature se plaît à former, et que les peintres, ses plus ou moins intelligents interprètes, affectionnent dans leurs tableaux.

XI

PROJET DE SQUARE.

La rusticité du bellombra vous semble-t-elle encore quelque peu douteuse ? Allez, sauf votre respect, vous promener le long de l'esplanade, entre les fossés du fort Neuf et le pont-levis Bab-el-Oued.

Vous verrez là de pauvres sires rabougris, éffeuillés, pelés, mais que vous finirez par admirer pourtant, si vous comptez les rudes épreuves qu'ils ont déjà subies, et qu'ils sont condamnés à subir encore tous les jours.

D'abord, le vent leur vient directement de la mer. Ensuite, ils n'ont pour se nourrir que d'arides cailloux, dont même la moitié, désertant les racines, roule et tombe au bas du talus. Enfin, l'année dernière, une trombe terrible les a décapités, brisés, hachés, broyés. Ils vivent.

Le trottoir, ou plutôt la contre-allée qu'ils bordent, est assez large pour que vos édiles aient pu se croire moralement tenus de compléter la plantation par deux autres rangées d'arbres.

Mais quels arbres, bon Dieu, ont-ils été choisir ! Des accacias, des mimosas, les espèces les moins robustes, et qui, même en cas de succès, n'eussent jamais donné qu'une ombre comparable à celle que répand, sur le front d'une mariée, le plus fin voile de dentelle.

Qu'en est-il résulté ? Tous ces arbres sont morts, malgré les soins méticuleux dont on les a, pendant plus de huit mois, comblés.

L'endroit est bon. Cette bande de terre, rafraîchie d'un côté par les bosquets du jardin Marengo, de l'autre par les brises que la mer envoie, peut devenir, en d'habiles mains, une promenade délicieuse, un véritable square où, même en pleine canicule, on n'aurait jamais trop à redouter la chaleur.

Voici comment je le comprendrais.

Prière serait faite à l'excellent génie, au nom de l'intérêt commun, de céder à la ville, au long des bellombras, une largeur de dix mètres environ, à prendre sur son esplanade.

La limite fixée, j'y construirais un mur de soutènement, assez haut pour qu'il dépassât de deux pieds le niveau de ma promenade. Il y formerait, de la sorte, un banc dans le genre de ceux qui longent la Villa-Reale, et la Marine de Palerme.

J'exhausserais l'espace resté vide, entre les arbres et le mur, avec un copieux remblai de bonne terre végétale. Il n'en manque pas dans les environs.

Ce travail fait, mon allée se trouve en état de recevoir six ou sept autres rangées d'arbres.

Plus de scrupules, cette fois, j'adopterais les bellombras. Toute autre essence, même la plus vivace, telle que le caroubier, le chêne vert et l'olivier, demande, à mon avis, trop de temps et de soins pour réussir en cet endroit.

Et d'ailleurs, s'il est bon que nos petits neveux nous doivent un jour quelque ombrage, ne vaut-il pas encore mieux qu' nous fassions en sorte d'en jouir d'abord un peu nous-mêmes.

Trois ans à peine seraient écoulés, que les branches se rejoignant formeraient déjà voûte, et donneraient de la fraîcheur. On pourrait alors établir au-dessous, quelques bouquets d'arbustes et de fleurs. Rien même n'empêcherait qu'on y fît jaillir des fontaines.

Et, les candélabres aidant, cet endro t, si triste aujourd'hui, deviendrait bien vite, en été surtout, le rendez-vou- favori de la population algérienne. La place du Gouvernement n'aurait plus qu'à se bien tenir.

XII

LE JARDIN MARENGO.

— C'est encore jusqu'à présent ce qu'on a fait de mieux ici, me disait, quelques jours avant de mourir, le commandant Loche.

Et néanmoins, s'il n'eût dépendu que de lui, le jardin Marengo tout entier ne serait plus, à cette heure, qu'une infecte ménagerie.

L'idée fixe du brave naturaliste était de convertir les bassins en viviers, les coubas en volières, et d'abattre force massifs pour l'installation de ses cages.

Il est vrai de dire que le signal de l'invasion venait d'être donné en haut lieu. Le conseil municipal avait affecté je ne sais combien de mètres du précieux terrain, à l'établissement d'un collége ; et déjà les berceaux de chèvre-feuille au suave parfum, les phytolacques à l'ombre épaisse, les rhododendrons aux fleurs éclatantes, tombaient sous la cognée, pour faire place aux fondations du nouvel édifice.

Il semble que, depuis ce jour, le pauvre jardin soit

devenu comme le souffre-douleur de toutes les utopies.

Les uns proposent de le convertir en gymnase.

Les autres voudraient y construire un second théâtre.

Il n'est jusqu'aux entrepreneurs de maçonnerie qui ne lui fassent les yeux doux. L'admirable site, en effet, pour un phalanstère de maisons bourgeoises !

Enfin, cette sentence est dans toutes les bouches : le jardin Marengo n'a plus longtemps à vivre.

Et c'est précisément lorsque tout le monde s'accorde à reconnaître l'insuffisance des plantations dans Alger, que chacun semble conspirer à la destruction du seul endroit où l'on puisse trouver. sans faire un voyage trop long, des fleurs, de l'ombre et de la solitude !

« Il me faut de l'air, de la lumière, les parfums balsamiques des arbres et des plantes, l'exercice en plein soleil, les vastes horizons, la nature avec toutes ses splendeurs ; là seulement je puis respirer et vivre, » a dit l'abbé ***.

Tel est aussi mon sentiment.

Et pourquoi ne le citerais-je pas ce livre excellent, n'en déplaise aux bons pères jésuites, un des mieux écrits, des mieux pensés, et des plus vraiment évangéliques qui se soient produits depuis bien des années, le *Maudit* ?

Le jardin Marengo devrait être déclaré BOIS SACRÉ.

En abattre un seul arbre, en distraire le moindre lopin, serait considéré comme un crime ; et, à défaut de ressources budgétaires, des distinctions honorifiques, ou des indulgences au choix (le petit mot pour rire), récompenseraient ceux qui, par des dons volontaires, ou

par un travail personnel, coutribueraient à son entretien.

On ne verrait plus alors cet escalier d'entrée, digne
tout au plus d'un taudis, ces fontaines à sec, aux ba-
lustres rompus, aux vasques limonneuses, ce carré de
musique aux bancs pourris et délabrés, à la barrière
chancelante, déshonorer les lieux qu'ils paraient autrefois.

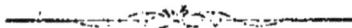

XIII

LES CHIENS.

I

De la Casbah, l'aube a blanchi le faîte. Me voici debout. J'ouvre la fenêtre.

Quel beau ciel ! le magnifique paysage ! Mustapha, l'Agha, Hussein-Dey, Kouba, sites délicieux que caressent des rayons d'or, que baigne une atmosphère d'azur !

O Méditerranée, qui chantera jamais sur un rythme assez doux, ta grâce, ta splendeur ?

Près de moi, mille oiseaux gazouillards se jouent dans les platanes.

De sveltes yaouleds, de fraîches jouvencelles circulent à mes pieds, les mains pleines de fleurs.

Poésie ! poésie ! Alger est ton empire.

Mais quelle est cette foule ?

Des ouvriers, des bourgeois, des bambins, des fillettes, se pressent sur la place, ordinairement solitaire à cette heure.

Quelque fête à Cybèle, une cérémonie aux autels de l'Aurore.

Je braque ma lorgnette.

Ce sont des chiens que l'on contemple, que l'on excite, que l'on hue.

L'hymen n'est point toujours entouré de flambeaux,

a dit Racine.

Maudits chiens !

II

Ma toilette est finie. J'ai chaussé les fins brodequins en coutil gris-perle. Je sors.

A chaque pas, dans la rue, sur la place, sous les arcades, il me faut zigzaguer pour éviter, à mes salissantes empeignes, une rencontre dangereuse.

Une dame me plaît à voir. Je la suis avec discrétion pour jouir plus longtemps de son charmant aspect.

Sa robe a de l'ampleur, comme il convient dans le beau monde. Elle balaie aristocratiquement les dalles.

Mais, ô ciel, quel objet balayé !

Vous seriez, madame, Vénus en personne, Aspasie, Marie Stuart, la belle Gabrielle, que, pour l'instant du moins, je fuirais vos doux yeux, vos blanches mains, votre robe surtout.

Maudits chiens !

III

— Deux sous, rien que deux sous ! s'écrie un petit Maure en m'offrant un bouquet de cassie et de géranium.

J'adore la cassie, je raffole du géranium.

— Mais, infâme voleur, ton bouquet est pourri. Flaire voir.

— Ce n'est pas lui, monsieur.

— Qui donc ?...

Je continue ma route.

Une meute de dogues se rue entre mes jambes et me souille de boue.

La laisse d'un caniche me jette par terre.

Au restaurant, de faméliques épagneuls montent la garde à mes côtés, épiant d'un regard cupide chaque morceau que je porte à ma bouche.

Et le journal que je lis en mangeant, raconte, aux faits divers, qu'à tel et tel endroit, des gens sont morts de la plus horrible des contagions, la rage.

D'après le docteur Blatin, dans une période de neuf années, de 1850 à 1859, il a été constaté en France, environ deux cents cas de rage humaine provenant de morsures de chiens.

Enfin, rentré le soir, et couché dans mon lit, plein de fatigue et de sommeil, impossible de m'endormir.

Du repos des humains, implacable ennemie...

Le quatrain de Boileau.
Maudits chiens !

Comment faire?

Si les minarets et les musulmans n'étaient là pour assurer à Alger sa qualité de ville orientale, le nombre de ses chiens errants suffirait à la lui valoir.

On m'a dit une fois : défiez-vous de ceux qui aiment trop les chiens ; ce sont, en général, des esprits misanthropes ou dominateurs.

Je n'irai pas si loin. Qu'on ait des chiens, et qu'on les aime, je ne vois rien là que de fort legitime ; mais est-il juste que ceux qui n'en profitent pas, en souffrent ?

Comment procèdent, à Alger, la plupart des maîtres de chiens ? La nuit, ils leur font garder la maison ou surveiller le magasin ; mais une fois le soleil paru, ils les lâchent dehors, et les laissent vaguer tout le reste du jour.

Je me suis souvent demandé qui m'empêcherait, moi, d'avoir, en de pareilles conditions, des animaux d'une autre sorte ; des oies, des cochons, par exemple.

Ils vivraient sur le commun. et, le moment favorable venu, je les vendrais à mon profit.

Peut-être gêneraient-ils, à l'occasion, le monde, et se passeraient-ils, de temps à autre, la fantaisie de croquer un bébé ; mais que sont de pareilles misères à côté de l'hydrophobie?

La société ne me semble pas avoir dit son dernier mot sur la place que doit tenir le chien au milieu d'elle. Elle en fait aujourd'hui l'*ami de l'homme*, elle l'admet avec lui en libre circulation sur la voie publique ; mais les nombreuses alternatives de protections et de proscriptions auxquelles elle a soumis cet animal dans l'histoire, prouvent que la question de sa valeur est encore, au moins, discutable.

On cite un peuple d'Ethiopie qui se faisait gouverner par un chien. L'aboiement et les mouvements de ce singulier roi, réglaient la marche des affaires.

Le chien était particulièrement vénéré en Egypte, et surtout dans la préfecture Cynopolitaine, qui en tirait son nom. Lorsqu'un chien mourait dans quelque maison tous les domestiques se faisaient raser et portaient le deuil.

Les Romains, par contre, avaient cet animal en aversion.

L'Ecriture l'a déclaré impur.

Les Juifs le méprisent souverainement.

La civilisation moderne a réhabilité le chien. Henri III aima, dit-on, les chiens plus que son peuple. Les musulmans ont, dans leurs villes, des hospices pour ces animaux. L'*Histoire des Chiens célèbres* en a fait un peuple de héros.

Il n'y a pas encore bien longtemps qu'un encyclopédiste s'écriait : « Ingratitude humaine ! dans les dernières années du règne de Louis-Philippe, et durant la dernière république, il s'est trouvé un échevin de Versailles qui n'a pas rougi de proposer à la Chambre des députés et à l'Assemblée nationale, de soumettre à l'impôt, comme les hommes, tous les chiens, à l'exception de ceux du berger et de l'aveugle. Pour l'honneur de la France, le bon sens législatif a heureusement fait justice de cette proposition incongrue.»

Ce monsieur-là devait furieusement aimer les chiens. Ses protégés paient aujourd'hui l'impôt. Mais ne serait-il pas juste de mettre, en outre, à leur charge, l'entretien de nombreux balayeurs chargés d'enlever à la minute, au fur et à mesure de leur production, les ordures dont ils sèment la voie publique ?

Ne serait-il pas non moins équitable de leur imposer un tribut destiné à indemniser les victimes des rapts, dégats et catastrophes occasionnées si fréquemment par eux ?

Enfin, de les molester de manière à en restreindre, autant que possible, le nombre ?

Conclusion bien indulgente encore, car en thèse absolue, le bon plaisir de quelques-uns n'a pas le droit d'anticiper sur la commodité de tous.

« La liberté de chacun s'arrête où celle du voisin est compromise, » inscrivait, en tête de sa constitution, la Convention nationale ; et l'on n'accusera, certes jamais, cette gaillarde-là d'avoir marchandé la licence.

XIV

LES BANCS.

—

En Europe.

Le style, c'est l'homme.

A l'œuvre on connaît l'ouvrier.

Dis-moi qui tu hantes, je te dirai qui tu es.

A ces proverbes, puisés au hasard dans la sagesse des nations, j'oserai proposer de joindre celui-ci :

Tels bancs, telle ville.

Voyez plutôt Paris, Lyon, Berlin, Marseille, Genève, toutes villes connues pour leur confort et leur urbanité ; avec quelle profusion les bancs s'y trouvent partout répandus ! Places, squares, boulevards, promenades, carrefours, rues mêmes, il n'est lieu si bruyant ou si calme, si central ou si retiré, qui n'en soit largement pourvu.

Je ne crois pas exagérer en évaluant à deux par cinq cents âmes les bancs qui meublent ces grandes cités.

A ce compte, Paris en aurait, pour sa part, huit mille, chiffre évidemment inférieur, si l'on veut bien songer, qu'en cette vaste enceinte d'environ quarante kilomètres de tour, on ne peut marcher cinq minutes sans rencontrer des bancs.

Confortables pour la plupart, quelques-uns sont vraiment luxueux, avec siége élastique et dossier renversé. Aussi faut-il voir comme on en profite !

Et cependant, où pourrait-on le plus aisément s'en passer ? N'est-ce point justement dans ces villes du nord, où le climat ne permet que bien rarement de s'asseoir, et où d'ailleurs le grand mouvement de l'industrie, la fièvre des affaires, entraîne et fait courir incessamment la population ?

A Alger.

Alger, ville de cinquante mille âmes, Alger dont le ciel est si souvent beau, l'air si constamment doux, qu'on y peut, hiver comme été, se tenir dehors : Alger avec sa population européenne beaucoup moins active qu'ailleurs, et ses musulmans habitués aux attitudes sédentaires de la vie contemplative, Alger n'a que *dix-sept bancs*. Et quels bancs, et quels bancs !

Vous ne daignâtes probablement jamais vous y reposer, cher lecteur ! Ni vous, les effleurer de vos nobles regards, ô lectrice mignonne ! Ils ont si repoussant aspect et réputation si mauvaise !

D'abord, aux uns, pas de dossiers ; aux autres, un bâton raboteux qui voudrait s'en donner les airs. A tous, des siéges détestables, composés de trois maigres barreaux, écartés, chipotés, délabrés, le plus souvent réduits à deux. Vrais juchoirs de poules.

Il faut avoir de fiers coccyx pour demeurer posé plus d'un quart d'heure sur ces machines-là. réels instruments de torture.

Les huit ou dix places qu'ils peuvent offrir sont ordinairement occupées par les oisifs du voisinage : biskris, cireurs de bottes, manœuvres sans travail. pouilleux, ivrognes, mendiants, va-nu-pieds.

Allez donc vous intercaler dans les rangs de ces honorables, ou même vous poser, aussitôt après eux, sur le siége qu'ils ont souillé ! Je ne sache, pour s'y résoudre, que l'étranger à bout d'ennui dans sa chambre d'hôtel, le philosophe exempt de préjugés, et le malade prompt à la fatigue.

Des bancs !

Au nom de la civilisation, de la décence. de la charité, je réclame pour Alger, des bancs en proportion au moins double de ceux qui garnissent les villes d Europe.

A quatre bancs par cinq cents âmes, cela fait comme quatre cents bancs.

Je n'exige pas absolument des canapés élastiques, mais des siéges congrus. à dossiers un peu renversés. La condition n'est pas aussi futile qu'elle peut paraître. Tel qui dédaigne un mauvais banc, se laissera séduire par un bon.

Voici comment je les répartirais.

Quarante au moins, seraient rangés en double ligne sous les platanes de la place du Gouvernement.

Vingt-cinq ou trente, autour de la fontaine, avec des caroubiers au lieu d orangers pour ombrage.

Le boulevard de l'Impératrice, les places Bresson,

Malakoff, de Chartres, de la Lyre, les quais, la rue d'Isly, le faubourg Bab-Azoun, en seraient également bordés.

On en mettrait à discrétion sous les bellombras de mon nouveau square.

Enfin, pour combler la mesure, j'établirais au long des galeries, dans la baie même des arcades, des blocs de pierre qui, scellés aux piliers, auraient pour but de recueillir, en une position plus humaine, ces Arabes sans dignité que l'on trouve de toutes parts, accroupis comme des pingouins, ou vautrés comme des cochons dans les ordures du ruisseau.

Sans compter que bien des bourgeois y trouveraient aussi leur compte. Ces chaises qu'ils sortent le soir pour prendre le frais plus à l'aise, ou voir passer les promeneurs, ne sont-elles pas l'indication d'un besoin? Et quoi de plus considérable, aux yeux du pouvoir, qu'un besoin public !

Les arcades sont assez nombreuses, et assez larges, Dieu merci, pour que ces bancs, placés de distance en distance, ne gênent pas la circulation.

Lorsqu'on veut se mêler de civiliser un peuple, il faut d'abord le relever de son abjection matérielle. C'est un indispensable prélude. A l'inverse du vieux proverbe, le maintien, non moins que l'habit, fait, beaucoup plus qu'on ne saurait croire, le moine.

Les blouses et les burnous ainsi plus qu'amplement pourvus, il resterait toujours des bancs libres et suffisamment refroidis pour que les crinolines et les habits noirs ne craignissent pas de s'y reposer.

Et pour peu que l'on fût porteur de linge propre et de souliers vernis, on ne se verrait plus obligé par respect humain, de mourir de fatigue en restant sur ses

pointes, ou de rentrer piteusement chez soi malgré
l'attrait d'un doux soleil ou d'un splendide clair de lune.

Vous faut-il, pour obtempérer à mes réclamations,
le stimulant d'un exemple local ? Observez le génie.
Le génie a planté douze bancs en dehors de la porte
d'Isly, dans la zone même des servitudes. C'est à lui
qu'on doit ceux du jardin Marengo; à lui ceux qui figu-
rent sur la route de Mustapha, devant la campagne du
Gouverneur. Il en a, de plus, mis douze fort grands et
forts beaux dans la cour du collége arabe (le lycée im-
périal n'en a pas un seul.)

Enfin, si l'on ajoute au total de ce relevé, les bancs
qui bordent les allées du jardin d'acclimatation, on a,
pour la seule banlieue, plus du double de bancs que
l'en peut offrir la ville d'Alger tout entière.

XV

LA GYMNASTIQUE.

Il y a dix ans, je faillis mourir.

Je ne souffrais pas, mais je sentais la vie s'éteindre peu à peu en moi, comme une lampe dont l'huile es tarie.

J'allai voir un docteur fameux. Il trouva, pour mon mal, des substantifs en *ose*, renforcés d'adjectifs en *euse* et me prescrivit la gymnastique.

Je m'y livrai avec ardeur. Triat, le digne continuateur des Fallemberg, des Jahn, des Clias, des Pestalozzi, des Amoros, fut mon maître

Son gymnase s'élevait au milieu des Champs-Elysées. On l'a démoli récemment pour percer une rue C'était un chef-d'œuvre en son genre, un vrai templ élevé à la régénération de l'homme.

Dans une ville comme Paris, un pareil établissemen eût dû compter des milliers d'élèves.

A part une poignée d'étrangers, et trois ou quatre pensionnats, il n'y venait guère que des vieillards, des malades, quelques artistes et quelques gens de lettres, amaigris par l'abus des plaisirs ou dévastés par le travail de tête.

Mais ceux mêmes auxquels l'exercice eût été le plus profitable, les jeunes gens dans la force de l'âge, y faisaient presque entièrement défaut. S'en présentait-il un d'aventure, il s'enfuyait bientôt sous prétexte d'ennui. A quoi bon, disait-il, ces puériles-abri les, quand nous avons la natation, l'équitation, la chasse, la danse et l'escrime!

C'est qu'en effet les gymnases, ainsi que nous les comprenons aujourd'hui, sont passablement ennuyeux. Je doute fort que les Grecs et les Romains eussent vu les leurs aussi fréquentés, s'ils ne les avaient entourés d'exercices plus attrayants et de leçons plus délicates.

Les gymnases faisaient alors partie des grands établissements qui, sous le nom d'académies, réunissaient en un même lieu, les écoles de philosophie, les jeux, les bains, les stades et les bibliothèques.

Après trois ans de travail assidu, j'avais recouvré une certaine dose de force et de santé. Il me fut permis de reprendre le cours si tristement interrompu de mes voyages, à condition toutefois, d'y continuer, autant que faire se pourrait, mon traitement musculaire.

On a exploré le monde au point de vue du climat, des beaux-arts, de la littérature, de la politique et des mœurs. Je me trouvais, de la sorte, conduit à l'étudier sous le rapport assez inusité du trapèze et des barres parallèles.

Le midi de l'Europe, où les exercices corporels sont

beaucoup plus nécessaires que dans le nord, vu l'action énerva te du climat, manque absolument de gymnases civils. Milan, Gênes, Palerme, n'en ont pas un seul.

Force me fut de recourir aux gymnases militaires. Ceux-ci. par contre, abondent. Nos garnisons de France en sont presque toutes pourvues.

Na les pourrait montrer le sien, comme un modèle. Et l'une des premières choses qu'aient faites nos soldats à Rome, c' st d'y construire un gymnase. Il occupe le bastion méridional du château Saint-Ange.

Un gymnase !

Dans cette froideur bien constatée des générations modernes pour la danse pirrhique et le pas accéléré sur place, je doute qu'Alger. dont le principal souci paraît être de se modeler en tout, bien ou mal indifféremment, sur la métropole, puisse fournir le public nécessaire à la réussite d'un gymnase.

Qu'on y fasse les frais d'un établissement de ce genre, il aura du monde les premiers mois. La nouveauté, la curiosité, le genre, y conduiront quelques personnes. Mais bientôt il ne lui viendra plus que des pensionnats au rabais, quelques étrangers, et deux ou trois étiques adressés par leur médecin. Une pareille perspective n'est pas de nature à tenter les entrepreneurs.

Mais pourquoi l'administration militaire, si riche et si puissante ici, ne ferait-elle pas un peu pour Alger ce qu'elle fait si largement pour ses garnisons de France ? Pourquoi, comme à Toulon, par exemple, n'établirait-elle pas un gymnase dans le fossé des remparts ?

Elle y trouverait pour l'armée un moyen de haute hygiène et d'éducation physique, moyen d'autant plus

précieux qu'il lui coûterait moins. Rien ne l'empêcherait, en effet, de louer, à certaines heures, son établissement aux particuliers.

Le plus grand nombre des étrangers qui viennent
l'hiver en Afrique sont d origine septentrionale. La
gymnastique, si délaissée maintenant dans le midi, a
repris, depuis une vingtaine d'années, quelque faveur
dans le nord; et nul doute que si les Anglais, les Allemands, les Russes, pouvaient continuer ici les habitu-
des actives qu'ils ont contractées chez eux, ils ne res-
tassent plus longtemps, et ne revinssent en plus grand
nombre.

Pour ma part, l'avouerai-je, sans les trapèzes du lycée, je crois bien que, malgré le doux ciel, le beau
site et l'indépendance, j'aurais quitté déjà depuis
longtemps Alger.

Peut-être serait-ce ici le lieu de faire l'apologie du
gymnase; mais on a déjà publié tant de bons livres sur
la matière, qu'à les résumer seulement, il me faudrait
tout un volume. Le lecteur sera mieux servi d'ailleurs
à consulter Platon, Aristote, Galien, Vitruve, Plutar-
que, Mercuriali Joubert, Fuller, Barbier d Amiens,
Broussais, Delpech et Londe.

Leur conclusion à tous, c'est qu'il n'est, pour re-
faire l'homme dégénéré par excès de civilisation, de
vraiment efficace moyen que la gymnastique.

XVI

LES BAINS DE MER.

Je ne suis allé qu'une fois à l'école de natation sise tout près de l'esplanade Bab-el-Oued; et cet essa ne m'a pas inspiré le désir de recommencer.

L'emplacement en est, suivant moi, des moins favorables. Ni soleil, ni vue, ni gaîté. Les tapis qui s'étendent depuis les cabines jusqu'à l'eau ne défenden qu'imparfaitement les pieds contre les aspérités d roc. L'anse offerte aux nageurs est hérissée d'écueils infestée de plantes marines, et les moindres vagues suffisent pour la rendre périlleuse, sinon impraticable.

Je n'avais, du reste, encore vu jusqu'à présent, d'installation pareille que dans les rivières. Partout, su les bords de l'Océan et de la Méditerranée, les bain se prennent aux endroits les plus découverts et les plus agréables de la plage; le moins possible entre les rochers.

De légères cabanes garnies d'ais ou de toile, les unes fixées à la terre, les autres montées sur des roues, sont rangées près du bord, et mises, moyennant une faible rétribution, à la disposition des baigneurs.

Une enceinte de pieux, rattachés par des cordes, détermine l'espace concédé à l'entrepreneur et réservé à ses pratiques.

Des planches pour descendre, proprement et sans se blesser jusqu'à la mer, une douzaine de bassins, du linge, et quelques ustensiles de toilette, tel est le matériel de ces établissements.

Il existe, à deux pas d'Alger, derrière la porte de l'Oued, une plage superbe et parfaitement connue de tous ceux que le décorum n'a pas faits esclaves du bain Nelson.

Rien de curieux comme de voir, pendant tout le temps des grandes chaleurs, la foule qui se presse au bord de cette plage. Vieillards, femmes, enfants, écoliers, manœuvres, commis, bourgeois, soldats. Français, Espagnols, Juifs, Arabes, tous les âges, tous les états, toutes les races, s'y rencontrent, y fusionnent, y fraternisent, avec cet air d'intime confiance et de parfait bonheur que donnent les plaisir goûtés en commun.

On ne se baigne pas seulement; on cause, on chante, on danse, on mange. C'est une fête.

La nature a généreusement doté ce petit bout de rivage. Le sable y est fin d'un côté, les rochers hospitaliers de l'autre. Le beau sexe y trouve pour barbotter, des baignoires naturelles, le novice pour s'exercer, un fond praticable et sans trous, le nageur pour plonger, une mer sans courants. Le site y plaît aux yeux, y tente le pinceau.

Bien loin de seconder ces heureuses dispositions, l'autorité semble, au contraire, prendre à tâche de les réprimer. Au lieu de s'appliquer à rendre la plage plus sûre, et de fréquentation plus commode, elle fait précisément tout ce qu'il faut pour en dégoûter les amateurs.

Le flot y porte-t-il quelque atroce charogne ? on la laisse empuantir l'air jusqu'à consommation de pourriture, au risque de voir le charbon, cet horrible mal dont on meurt, faire une masse de victimes.

A-t-on besoin de sable, on en vient chercher là, et ce ne sont, du matin au soir, que trous nouveaux interceptant le passage, convois de bourricauts piétinant sans merci les hardes des baigneurs.

Tandis qu'il faudrait si peu de chose, un gardien commis à la sûreté et à la propreté de la plage, un industriel avisé, autorisé, voire même subventionné, pour faire de cet endroit un rendez-vous de plaisir et de bain, aussi confortable que ceux de Trouville et de Biarritz !

Il y a, par exemple, vis-à-vis du palmier Bab-Azoun, deux petits radeaux qui ne m'ont jamais paru d'une immense utilité. Pourquoi ne les transporterait-on pas, en été, devant la plage Bab-el-Oued ? Amarrés à quelques brasses du rivage, et garnis d'une échelle de quatre ou cinq marches, ils seraient pour les nageurs, barbotteurs et plongeurs, d'un usage non moins utile qu'amusant. Dieppe n'a rien de mieux.

XVII

LA QUESTION DU THÉATRE.

—

Vox populi.

Depuis plus de trois ans que j'habite Alger, je n'ai mis que cinq ou six fois les pieds au théâtre; et encore mon principal but était-il moins d'entendre les acteurs que de voir la mise en scène, les décorations et le corps de ballet (!!!).

Je ne me reconnais donc ici, pour parler spectacle, d'autre droit que celui d'écho.

DIX-SEPT MILLE INDIGÈNES. — La comédie des roumis, macache ! Payer cher, et ne rien comprendre, macache ! La subvention, macache ! Les aïssaoua, bono ! La nouba, bono ! La derdeba, bono !

DIX MILLE ESPAGNOLS. — A peine pouvons-nous gagner de quoi vivre. Plus souvent que nous irions dépenser notre argent et perdre notre temps à des spectacles sans intérêt pour nous ! Devrions-nous, en bonne justice, contribuer à la subvention ? Vive la *Perle* !

QUATORZE MILLE FRANÇAIS. — Le besoin de se distraire est féroce. Aussi, allons-nous au théâtre. Triste ! triste ! Le dernier des derniers. Ce que, par exemple, on y joue sous le nom d'opéra, n'est qu'une bouffonnerie dont Landerneau même ne voudrait pas.

DEUX OU TROIS CENTS ÉTRANGERS. — Une fois, passe encore ; on voit la salle et le public ; mais deux ! Et puis ils disent que c'est pour nous. Quel pavé !

L'AUTORITÉ. — Le théâtre est la ruine de la commune. Un million pour la salle, soixante-quinze mille francs de subvention annuelle, sans compter les accessoires, que de belles et bonnes choses nous ferions avec cet argent-là !

TRIO DE CHRONIQUEURS. — 1er *septembre*. La troupe est excellente, et la saison théâtrale s'ouvre sous les meilleurs auspices. Quand notre chanteuse légère aura surmonté le trouble inséparable d'un premier début ; quand le baryton se sera habitué à notre scène, tout marchera le mieux du monde. — 1er *janvier*. La troupe est excellente, et la saison théâtrale se continue sous les meilleurs auspices. Quand notre chanteuse légère, etc. — 1er *avril*. La troupe est excellente, et la saison théâtrale finit sous les meilleurs auspices. Quand notre chanteuse légère, etc.

On a déjà plusieurs fois proposé de retirer la subvention, et d'octroyer, en retour, la liberté des genres.

Les journaux ont jeté les hauts cris. Supprimer l'opéra, c'était, à les entendre, encourir le mépris des étrangers, l'indignation des Algériens, et replonger la colonie dans les ténèbres de la barbarie.

Solution.

J'ai beau me répéter que je ne comprends rien à ces matières-là, je ne puis cependant m'empêcher de penser que, si l'on eût laissé le théâtre d'Alger s'arranger à sa guise, il posséderait maintenant, et depuis déjà longues années, un genre mixte, ou plutôt complexe, à la portée de toutes les bourses et de toutes les intelligences.

L'acrobate, le bateleur, le troubadour provençal, le toréador espagnol, le kyateri musulman, le pierrot forain, le polichinelle napolitain, l'aliya maure, le clown anglais, les zeffanes arabes, le karagheüz ottoman lui-même, préalablement expurgé, les sociétés philarmoniques, les orphéons algériens, se fussent réunis, embrassés, amalgamés sur ses planches.

Il eût sans doute exhibé plus souvent des Léotard et des Robert Houdin que des Rachel et des Alboni; mais enfin la majeure partie de la population eût pu le fréquenter, et la ville reporter sur de plus utiles travaux les sommes qu'elle consacre, avec si peu de résultat, au soutien de Tartuffe et de Robert-le-Diable.

Quant aux gens de goût fin et d'esprit cultivé (dont vous êtes), ils sont ici très peu nombreux. Les voyages, d'ailleurs, qu'ils font si fréquemment en France, leur permettent de se retremper aux sources généreuses du savoir et de l'art.

Et puis d'ailleurs, n'est-il pas charitable et juste à la fois, que les minorités cultivées fassent aux majorités ignorantes le sacrifice de quelques-uns de leurs plaisirs ? Civilisation oblige.

— L'influence du théâtre sur les mœurs et le carac-

tère des peuples a placé, répliquez-vous, l'art drama-
tique au premier rang des institutions sociales que tout
pouvoir intelligent et sage a pour mission de protéger.

— Soit ; mais un théâtre ne profite qu'autant qu'on
le fréquente.

Vous aurez beau représenter vingt fois la *Juive* ou le
Prophète, si vous n'avez, pour l'entendre, que des banquettes vides, ou du moins seulement occupées par vous,
lecteur honnête, vertueuse lectrice, à qui les banales
leçons d'un opéra de Scribe ou d'un opéra-comique de
Saint-Georges n'ont certes rien à apprendre, je ne
vois pas trop ce qu'y pourront gagner les mœurs.

Un méchant drame où la foule se porte produira
toujours plus d'effet qu'un chef-d'œuvre où personne
ne va.

Et par méchant, je veux dire, non pas pernicieux (la
censure est là!) mais composé sans art.

Il faut des arguments à la portée de ceux qu'on veut
convaincre.

A ne considérer que l'excellence du moyen, on pourrait trouver encore mieux que des opéras. N'avons-
nous pas nos immortels classiques !

Eh bien, essayez de mettre quelque temps Alger au
régime absolu du Polyeucte et du Britannicus, et nous
verrons, après cela, de combien aura diminué, sur les
relevés statistiques, le chiffre des délits et le total des
crimes.

Tant qu'on persistera dans la voie suivie maintenant,
on aura beau entasser subvention sur subvention, on
ne récoltera que ruines. Il ne faut pas, dit certain proverbe trop cru pour se passer de traduction, vouloir
parler plus haut que la bouche.

XVIII

LE GRAND ESCALIER.

FANTAISIE ARCHÉOLOGIQUE:

—

Ceci se passe le 19 juillet 3864.

Alger n'est plus. La plupart de ses monuments dorment en paix sous l'herbe. Quelques uns, mieux traités par le temps, jalonnent de leurs grands débris le coteau du Sahel.

C'est, à la crête, le massif sourcilleux de la Casbah.

Au midi, les colonnes brisées de la porte d'Isly.

Au long du rivage, le boulevard de l'Impératrice, dont les voûtes encore debout, mais toutes plus ou moins lézardées, ébréchées, éventrées, reproduisent assez exactement le Colisée de Rome et le cirque de Taormine.

Sous l'une d'elles, convertie en cabinet de curiosités, gît la statue du duc d'Orléans. Le cheval n'a plus de pieds. Il manque au cavalier, l'épée, le bras gauche et la tête.

Tout autour, sont rangés des fragments d'inscriptions, des armes, des monnaies, des ustensiles oxy-
dés.

On y distingue, au premier rang, un sou de Napoléon X, un tesson de chope, un bouton du 1er d'artil-
lerie, et les débris d'une plaque de marbre avec ces ca-
ractères gravés en lettres d'or :

LYC.E IMPER.AL.

Au bas de cette plaque, un savant de l'époque a, de
sa plus belle main, donné l'explication suivante :

Lycaoniæ electus imperator Alexander.

Des chèvres, des moutons, paissent sous les figuiers
dont les rameaux touffus embragent la colline.

Tityre et Mélibée modulent des accords sur leurs pi-
peaux champêtres.

Tityre, tu patulæ recubans sub tegmine fagi...
Muscosi fontes, et somno mollior herba...

Des peintres, accroupis sous leur parasol blanc,
croquent la perspective.

Des archéologues, munis de l'indispensable pioche,
furettent les rochers, scrutent les interstices.

Un cri de joie se fait entendre.

On vient de découvrir les marches d'un escalier.

Le ministère des beaux-arts immédiatement préve-
nu, des fouilles sont entreprises sur une vaste échelle,
et bientôt reparait le monument tout entier.

Grand émoi parmi les savants. Jamais ils n'ont vu

construction pareille. A quoi pouvait servir cette bordure en forme de glissoire qui court entre les marches et la balustrade?

— C'était pour descendre plus vite, dit l'un.

— Pour transporter de lourds colis, fait l'autre.

— N'était-ce pas plutôt un instrument de gymnastique? opine celui-ci.

— Ou de torture ? ajoute celui-là.

La question est mise au concours, et le jury décerne la médaille d'or à l'interprétation suivante :

Les glissoires dont il s'agit, ne sont tout simplement que les fondations mêmes de la balustrade. Ce qu'on a pris, jusqu'à ce jour, pour une balustrade, n'est véritablement que la base d'un mur qui servait, il faut croire, de cloture à la propriété voisine. Il serait en effet absurde de supposer qu'une construction si haute, et si distante de l'escalier. eût jamais pu servir de rampe. Les hommes de ce temps-là n'étaient pas plus grands que nous. L'humérus et les tibias trouvés, l'année dernière, au milieu des ruines, le prouvent surabondamment.

Sur ces entrefaites, un chevrier découvre la collection complète du *Courrier de l'Algérie*. Soixante volumes. L'académie des inscriptions et belles-lettres met vingt ans à les traduire, et publie enfin, parmi d'autres extraits, un document dont la teneur enchante peu les archéologues. Le voici :

L'escalier qui descend au théâtre, disent les habitants de la rue Napoléon ; *l'escalier qui monte derrière le théâtre*, répliquent ceux de la rue Bab-Azoun.

Ne serait-il pas temps de baptiser officiellement cette construction, que nous ne pouvons guère nous-même, malgré toute envie de concision et d'euphonie, appeler autrement que *l'escalier qui est derrière le théâtre* ?

Escalier Bresson, escalier de la Lyre, escalier Randon, escalier de la Femme-Sauvage, choisissez un de ces noms, ou quelque autre ; car, de dire tout simplement *l'escalier du théâtre*, ce serait tomber d'amphibologie en tribologie. N'y a-t-il pas déjà en effet deux autres escaliers du théâtre, celui de la façade, et celui de l'intérieur ?

Mais là n'est pas le principal but de notre réclamation.

Plusieurs personnes nous ont raconté que, dans le trajet du susdit escalier, il leur était arrivé, soit que l'obscurité les empêchât de reconnaître suffisamment les lieux, soit qu'elles eussent la vue trop courte, soit qu'enfin leur esprit fût en proie à quelque distraction, il leur était arrivé, disons-nous, de mettre par mégarde le pied sur la bordure unie qui sépare les marches de la rampe; puis qu'entraînées par la pente rapide de cette bordure, elles avaient roulé jusqu'au bas et s'étaient plus ou moins grièvement blessées.

Bien que nous n'ayons pas encore été nous-même victime d'un pareil accident, nous ne pouvons, toutes les fois que nous passons par l'escalier... anonyme, nous empêcher de frémir à la seule idée des malheurs auxquels nous exposerait une inadvertance de ce genre.

Et nous nous demandons quel a été le but de l'architecte en imaginant cette bordure, qui n'a pas encore, que nous sachions, sa pareille au monde. A-t-on voulu s'opposer matériellement à ce que les oisifs, trouvant comme un siége à dossier au bout de chaque marche, prissent l'habitude de s'y installer ?

La raison ne nous semble ni des plus charitables, ni des plus judicieuses. Car enfin, si le bonheur des oisifs algériens est de se reposer, aimez-vous mieux les voir indignement roulés au pied des murs, et gênant parfois le passage, que décemment assis sur les marches d'un escalier où il y a toujours eu, jusqu'à présent, du moins, de la place à revendre ?

En voulant d'ailleurs, par cette malencontreuse innovation, rebuter les oisifs, on a favorisé les gamins. Il ne se passe point de jour, en effet, qu'une bande d'enfants n'en profite pour faire des glissades. Postés au sommet des bordures, ils se laissent couler par files jusqu'en bas, au grand péril de leurs fonds de culottes, et même de leur existence.

Rien pourtant ne serait à la fois, et plus facile et plus salutaire, que de supprimer les bordures, et de prolonger les marches jusqu'au pied des rampes ; lesquelles rampes, dès lors, pourraient au moins servir, comme toutes les rampes connues, d'aide pour les gens qui montent, et de point d'appui pour ceux qui descendent.

XIX

L'ABSENTÉISME.

Au mois de juin dernier, lorsque je m'embarquai pour Marseille, je trouvai le bateau couvert de passagers. Les bancs n'y pouvaient plus suffire. On eût dit une émigration.

Emigration forcée plutôt que volontaire, toutefois ; la plupart des transfuges semblaient moins rire que pleurer. Il fallait voir avec quel air de désolation ils quittaient leurs parents, leurs amis, leur patrie d'adoption ! Comme ils semblaient envier ceux qu'un destin plus doux retenait au rivage !

L'ancre levée, et le bateau sorti du port, au lieu de rentrer au salon, ou de descendre dans les cabines, tout le monde resta sur le pont, pour contempler jusqu'au dernier moment l'aspect du pays regretté.

La ville avait depuis longtemps disparu derrière la Bouzaréah, la Bouzaréah s'était elle-même abaissée, le Sahel n'offrait plus à l'œil qu'un mince filet de teinte bleuâtre, la chaîne de l'Atlas et le groupe des monts Aurès fuyaient et s'estompaient dans les brumes du lointain; trois heures s'étaient écoulées depuis le départ, et cependant la plupart des passagers, immobiles, silencieux, cherchaient encore à l'horizon la terre évanouie.

Quelques-uns étaient tristes, deux ou trois même essuyaient par instants des larmes.

Ah! pensai-je, pour se décider à quitter un pays qu'ils semblent tant aimer, il faut qu'ils aient, comme moi, une mère à revoir.

Plusieurs m'étaient connus.

— Monsieur, dis-je à l'un d'eux, si l'Algérie a pour vous tant d'attrait, pourquoi la quittez-vous?

— A cause de la chaleur.

A cause de la chaleur.

Il s'interrompit pour éponger son front ruisselant de sueur.

— Je suis, poursuivit-il, d'une constitution très délicate, et les climats chauds m'exténuent. Depuis vingt ans que j'habite Alger, il m'a fallu vingt fois accomplir ce pénible voyage, et vingt fois subir un fastidieux exil sanitaire. Les médecins m'ont envoyé tantôt à Etretat au bord de la mer, tantôt à Meyringen au cœur de l'Oberland, tantôt à Fontainebleau au fin fond des forêts. Les bois, les monts et les rivages se sont, comme vous voyez, partagé le soin de ma cure ; mais en dépit du soulagement qu'ils m'ont valu, je n'ai trouvé, dans ces beaux lieux, qu'un incommensurable ennui. On n'a pas deux patries, et plus on aime la sienne, et moins on se plait dans celle des autres.

— Mais ne pourriez-vous pas trouver, en Algérie, les stations tempérées qu'on vous envoie chercher en France?

La fraicheur en Afrique.

— Certainement; il y a même, tout près d'Alger, le mont Bouzaréah dont le climat n'est guère plus chaud que celui de l'Auvergne ou de la Bourgogne. C'est, en outre, une des contrées les plus agrestes du monde. Le plateau de la Vigie, notamment, sur lequel je possède une petite maison, ne saurait être comparé, pour le charme des perspectives, qu'aux plus beaux sites de la Campanie.

— Pourquoi ne pas habiter, en été, cette maison?

— Elle tombe en ruines.

— Il faut la réparer.

— A quoi bon! j'y crèverais de faim, si tout d'abord je n'y séchais d'ennui. Ni pain, ni voisins possibles. Le croiriez-vous! il y a là, sur ce plateau, qu'on pourrait appeler le plus riche fleuron du diadème de vertes collines qui ceignent la rade d'Alger, une étendue d'environ deux mille hectares, dans laquelle sont disséminées plus de cent belles propriétés, châteaux, villas, maisons mauresques, et qui, faute, je ne dirai pas seulement de routes, mais même de sentiers praticables, se trouve entièrement perdue, tant pour la ville que pour les propriétaires. A ceux-ci, des charges sans jouissance; à celle-là une banlieue vouée à l'abandon. Pourtant, l'hiver, qu'elle plus jolie promenade à ménager aux étrangers que lasse trop souvent le peu de variété de nos environs; et l'été, quel refuge plus tempéré pour ceux qui, comme moi, redoutent la chaleur !

— N'avez-vous pas, à la même distance, et plus aisément accessible, le vaste plateau d'El-Biar, si pittoresque avec ses haies touffues, ses vertes oasis, et ses blanches maisons de style oriental ? Ben-Aknoun, par exemple, où se trouve l'orphelinat, est toujours rafraîchi par une brise si piquante qu'on n'y peut, m'a-t-on dit, passer, même au cœur de juillet, la nuit sans couverture.

N'avez-vous pas Kouba, la vallée des Consuls; et si le siroco vous semble encore trop ami de ces hauteurs moyennes, qui vous empêche de le fuir en vous élevant davantage ? Non loin d'Alger, Médéah, par exemple, vous offre, sur le Nador, à neuf cents mètres au-dessus du niveau de la mer, ses ormes, ses hêtres, ses peupliers, tous arbres hyperboréens, dont la présence est le sûr témoignage d'un climat septentrional.

A quelques heures de Médéah, et dans les mêmes conditions d'altitude et de fraîcheur, se présente à vous, suspendu comme un nid de verdure aux flancs du mont Zakkar, Milianah la ville aux vergers plantureux, aux vallons remplis d'ombre, aux sources murmurantes.

— Tout le monde le dit, répliqua mon transfuge.

— Pourquoi ne pas alors y rester vos étés ?

— J'ai mon passage gratuit jusqu'à Marseille ; et de Marseille aux Alpes, aux Pyrénées, il en coûte moins cher que d'aller explorer, ou le Nador, ou le Zakkar. Et puis, quelles installations, quelles distractions trouverais-je en ces solitudes ?

Pour aller aux eaux.

A quelques pas de nous se tenait un monsieur assis en plein soleil, et couvert d'un gros pardessus.

Celui-là, pensai-je ne doit pas craindre la chaleur. Voyons un peu quel motif le fait émigrer.

C'était un de mes collègues du cercle ; nous avions causé souvent ensemble. Je pus donc l'interroger sans préambule.

— La faculté m'envoie, répondit-il prendre les eaux à Balaruc. Elle ne pouvait certes choisir un traitement qui me fût à la fois plus insipide et plus préjudiciable. Je laisse en Afrique une famille que j'adore, des intérêts que lèse mon absence, je m'expose au dernier des supplices, le mal de mer, et pour comble d'avanie, je vais, m'assure-t-on, trouver là-bas une existence à donner le spleen.

— N'y a-t-il pas en Algérie des eaux équivalentes à celles de Balaruc ?

— On le dit, mais qu'importe ! Personne n'y va.

Les eaux d'Algérie.

Le docteur A. Bertherand a réuni en un volume les études successivement faites par lui, son frère, et les docteurs Payn, Lasnier, Hamel et Lelorrain, sur les eaux minérales de l'Algérie.

J'ai ce volume entre les mains, et je puis aujourd'hui renseigner pertinemment mon valétudinaire du bateau.

Oui, cher monsieur, tout près de Rovigo, à quarante-deux kilomètres d'Alger, il y a des eaux très abondantes, très actives, les eaux d'Hammam-Melouan, qui peuvent fort bien remplacer Balaruc, voire même Bourbonne-les-Bains.

Les indigènes en font depuis longtemps usage, et leurs tentes, rangées sur le bord du ravin qui donne naissance à la source, accusent une population flottante d'environ quatre cents baigneurs.

L'analyse a démontré, d'accord avec les guérisons déjà obtenues, que ces eaux peuvent parfaitement convenir au groupe important des affections multiples dont les scrofules, le rhumatisme et la goutte, sont, pour ainsi parler, les chefs de file.

L'étroitesse du ravin ne permettra sans doute jamais d'y créer un établissement en rapport avec l'importance que la vertu de ses sources promet, un jour ou l'autre, à Hammam-Melouan ; mais on pourra toujours, au moyen de conduits, amener les eaux jusqu'à Rovigo. Il y a précisément là, doucement incliné vers le nord, un riche plateau d'où le regard embrasse un horizon splendide. A droite, c'est la baie d'Alger, rivale du golfe de Naples ; en face, le Sahel, ondulant avec grâce depuis la Maison-Carrée jusqu'au tombeau de la Chrétienne ; à gauche, les monts vaporeux du Chenoua, du Zakkar et de Mouzaïa ; au centre, le magnifique bassin de la Mitidja, parsemé de palmiers, d'orangers, de haouchs, de villages, que relient entre eux des routes unies comme des allées de jardin.

Un établissement thermal, organisé dans de pareilles conditions, serait bientôt l'un des premiers du monde. Ouvert surtout pendant la saison fraîche, il verrait accourir d'Europe tous ces malades en voie de guérison, dont le brusque retour des froids arrête trop souvent, et même compromet la cure.

Un médecin d'Alger, le docteur Feuillet, frappé de tous ces avantages, a sollicité et obtenu, au mois de juin dernier, la concession des eaux d'Hammam-Melouan. Voici déjà certes un grand pas de fait.

Mais pour exploiter cette concession, il faut de l'argent, de l'argent, et encore de l'argent. Le particulier n'est pas riche. Force est d'avoir recours aux actionnaires. Mais comment attraper ces oiseaux rares ? Par l'espoir, ou plutôt la certitude du succès. Et comment leur donner cette certitude ? En leur montrant les eaux, objet de la concession, recherchées, fréquentées, et prônées comme elles le méritent.

Un peu plus loin, entre Milianah et Vesoul-Benian, à cent kilomètres d'Alger, s'étend le territoire d'Hammam-Rira, dont les sources, fameuses du temps des Romains, virent naître *Aquæ calidæ*, ville d'hygiène et de plaisir, qui fut bientôt pour Césarée, Tipasa et Icosium, ce que sont aujourd'hui Vichy, Baden, Hambourg, pour nos capitales d'Europe. Des vestiges nombreux attestent ce brillant passé.

Tout l'explique d'ailleurs. La situation est magique, l'air pur et rafraîchi par les brises marines ; les alentours sont curieux, agréables ou grandioses : ici des escarpements pittoresques, là d'immenses forêts où se marient, parés, enlacés de lianes, le pin, le caroubier, le myrte et le chêne kermès.

Aujourd'hui, le silence et la solitude règnent aux lieux dont la prospérité fut si grande jadis. Un établissement des plus modestes, pouvant contenir environ quarante lits, et appartenant au ministère de la guerre, quelques tentes disséminées dans les environs, une douzaine de gourbis où s'abritent de pauvres gens, voilà l'aspect actuel de la florissante *Aquæ Calidæ*.

Mais qui l'empêcherait de retrouver son antique splendeur ? Ici, comme pour Hammam-Melouan, il y a concession, et concession réclame exploitation, exploitation capitaux, capitaux actionnaires, actionnaires chance de succès, chance de succès vogue et fréquentation préléminaire des eaux.

D'où je conclus que le devoir de tout valétudinaire africain est de préférer, au risque de quelques dépenses et de quelques incommodités, les eaux d'Algérie à celles d'Europe ; de remplacer Bourbonne et Balaruc par Hammam-Melouan ; Chaudes-Aigues et Bourbon-Lancy par Hammam-Rira ; Schwalbach et Bussang par Teniet-el-Hâd ; Aix-en-Savoie et Bagnères de Bigorre par Hammam-Meskoutine ; Vichy par le Hamma constantinois ; enfin Seltz et Saint-Galmier par Mouzaïa-les-Mines.

Peut-être devra-t-il, la première année, loger sous la tente, et vivre pauvrement ; mais je lui promets une auberge pour la seconde. Les entreprises de ce genre sont comme les champignons ; elles poussent spontanément partout où le terrain s'y prête.

A l'auberge se joindra bien vite un hôtel ; à l'hôtel un village ; et voilà mes actionnaires trouvés ; voilà les eaux africaines devenues pour les Algériens un passe-temps facile et profitable, pour les étrangers un attrait de plus, et pour le pays une source nouvelle de prospérités.

Par Genre.

On a beau prendre pour règle de ne voyager qu'en été ; d'attendre pour partir, que le baromètre soit au plus haut, l'air immobile, et la mer unie comme un lac ; de choisir enfin, pour s'embarquer, un gros navire à aubes, il est bien rare que la traversée soit bonne tout entière.

Le premier jour, tout alla bien. On dîna d'excellent appétit. La table se trouva trop petite et l'ordinaire insuffisant. Le soir, on admira le coucher du soleil, une dame chanta des airs en s'accompagnant du piano, et la cloche du timonier faisait retentir le coup de minuit, que des sociétés attardées causaient encore au clair de lune.

Mais, plus même que les destins, les flots sont changeants et perfides. Le lendemain, une brise assez crue se mit à souffler du nord-est. La mer s'agita, s'enfla, moutonna, et l'on vit se dégarnir peu à peu les banquettes et les pliants du pont. Sur trente convives, il n'en parut que dix à table.

Mon voisin de cabine, un des lions d'Alger, était dans un état piteux.

— Il faut, lui dis-je, que vous ayez bien grand besoin d'aller en France, pour affronter, impressionnable comme vous l'êtes, ces détestables traversées.

— Nullement.

— Vous craignez la chaleur.

— Pas davantage.

— Vous allez prendre les eaux.

— Encore moins. Je vais en France parce que tout le monde y va. C'est le genre, et je m'y conforme. Que devenir, d'ailleurs, dans une ville où l'on ne rencontre plus que les esclaves du métier, abrutis par la solitude et l'ennui !

A ces mots, un redoublement de tangage interrompit le gandin, et me secoua moi-même assez pour que mon humeur en souffrît.

Une mode à créer.

Les voilà donc, me dis-je, en faisant usage d'un procédé qui m'a presque toujours réussi contre le mal de mer, les voilà donc ces colons intrépides ! L'Algérie se meurt, l'Algérie est morte, s'écrient-ils, si l'Etat ne vient à son aide. Et de donner eux-mêmes, les premiers, le signal de l'abandon.

Ces absences multipliées, que se permettent sans nécessité, souvent même par fantaisie, les plus considérables d'entre eux, ont plus d'inconvénients qu'ils ne pensent.

Elles enlèvent à la colonie des revenus qui, dépensés sur place, contribueraient à l'enrichir : elles dégoûtent ceux qui restent, et ne tendent rien moins qu'à détourner les émigrants européens d'un pays qu'il faut fuir quatre mois sur douze, au prix de deux traversées, toujours longues, souvent pénibles, de fatigues énormes, et de dépenses plus ou moins onéreuses, suivant que l'on profite ou non de cet abus nommé passage gratuit. Il me semble que lorsque j'aurai définitivement adopté le titre d'Algérien, je ne me croirai plus le droit d'aller passer l'été en France. Je ne ferai, du reste, en cela, qu'imiter les colons de la vieille roche, les Vialar, les Simounet, les Weyer, les Warot et Semel, les Borelly, les Byron, les Tonnac, les Laudoyer, les Bastide, les Morin, les Sarlande, et tant d'autres qu'il serait trop long de nommer.

L'absentéisme, à Alger, devrait être flétri comme une félonie, non seulement chez les colons, mais aussi chez les fonctionnaires. Commis ou patrons, est-il juste qu'ils puissent donner l'exemple de la désertion, dans le pays qu'ils sont appelés à servir ou à gouverner ?

XX

GROS DESIDERATA.

RÊVE EN SEPT CAUCHEMARS.

—

Le droit d'élection.

J'étais en Kabylie, au pied d'une grande montagne que dominait une espèce de temple. Ce temple, de style bizarre, excitait ma curiosité. Je me mis à courir pour le voir de plus près. Les fenêtres en étaient ouvertes, et permettaient à l'œil de plonger dans l'intérieur.

Là, des trônes d'or constellés d'escarboucles, entouraient une vaste table sur laquelle fumaient les plus fins couscoussous. Des esclaves richement vêtus semblaient attendre les convives.

Bientôt parurent, en effet, des masses de Kabyles. Ils avaient l'air de vrais brigands. Leurs burnous sales et troués, leurs pieds chaussés de vieilles cordelettes, eussent fait le bonheur d'un Callot.

Ils entrèrent majestueusement, et, singulière opposition, à mesure qu'un d'eux s'approchait de la table, on lui mettait un sceptre d'ivoire dans la main, et sur la tête une couronne d'or. Puis, en grande cérémonie, on l'asseyait sur un des trônes.

J'étais beaucoup mieux mis qu'eux tous. Un ample paletot de molleton anglais flottait sur mes épaules, et des souliers vernis reluisaient à mes pieds. Quel accueil ne me ferait-on pas !

J'entre ; mais au lieu des honneurs attendus, je vois courir à moi, l'œil narquois, la bouche dédaigneuse, le nègre chargé de la réception. Il me prend familièrement par le bras, et me pousse dans un angle obscur où des esclaves accroupis mangeaient tristement des pois chiches.

Indigné d'un tel traitement, je demande à parler au maître de la maison. On va le chercher. Il s'avance. C'était un homme d'âge mûr et de physionomie débonnaire.

— Désespéré, me dit-il, de vous laisser manger à la cuisine, mais la table que vous voyez ne reçoit que des souverains.

— Des souverains, vos mendiants !

— S'ils ne règnent pas personnellement, au moins font-ils partie constituante du pouvoir Chacun d'eux concourt à la nomination de l'âmin, et le droit d'élection est chez nous le signe caractéristique de l'homme libre, du citoyen. Qu'êtes-vous à côté de nous, humbles colons ? Les vils esclaves de vos gouvernants !

A ces mots, il secoua fièrement le capuchon de son burnous, et retourna prendre place au milieu de ses compatriotes.

J'étais outré de colère. Je sortis brusquement de la salle, et me rendis au port afin de m'embarquer.

Le service de la côte.

C'était probablement le port de Djidgelly. Mon rêve se tait sur ce point. Le courrier s'y trouvait justement en partance. Je me fis tout de suite conduire à son bord.

Mais à peine y fus-je monté, que je me vis entouré par des soldats à tête de crocodile.

L'un m'enleva mon chapeau, l'autre m'arracha mes souliers ; celui-ci me mit un bâillon dans la bouche, celui-là des chaînes aux mains.

Et, comme je me plaignais de leurs violences, ils prétendirent que c'était la règle du bord, et que de plus j'aurais à garder la diète et à rester couché sur des pointes de clous pendant tout le voyage.

Exaspéré, comme on peut croire, je rassemblai mes forces, esquivai mes persécuteurs, et me précipitai dans la mer.

Le droit de tonnage.

J'allais infailliblement périr, lorsqu'un autre bateau parut à l'horizon. Il marchait si vite, si vite, qu'il fut bientôt à portée de ma voix.

Je criai au secours ; on me tendit des cordes, et d'un bras vigoureux je me hissai sur le tillac.

Il était couvert de lingots d'or, si nombreux et si brillants, qu'on ne pouvait les regarder sans cligner les yeux.

En approchant d'Alger, nous rencontrâmes un grand nombre de bateaux pareils, également chargés d'or.

Une immense population, réunie sur les quais de la ville, leur faisait signe d'entrer dans le port.

Mais au lieu d'obéir, ils filaient rapidement devant la passe, et continuaient leur chemin, les uns vers Gibraltar, les autres vers Alexandrie.

Celui sur lequel j'étais, se hâta de filer aussi. Ce

n'était pas mon affaire Je m'élance vers le capitaine, et lui commande de me débarquer. Il résiste. Je menace de faire sauter le navire. Il tombe à genoux et tend des mains suppliantes. Puis, me faisant grimper au haut du mât de perroquet, il me montre, accroupi derrière le môle, à l'entrée du port qu'il semble garder, un monstre épouvantable, ayant pour bouche une gueule de requin, et pour bras des suçoirs de polype.

— Il prendrait tout ! me dit alors, en frémissant, le capitaine.

J'obtins néanmoins qu'on me jetât, en contrebande, sur les rochers de Bab-el-Oued.

La bourse.

Je ne fis qu'un saut jusqu'à la place du Gouvernement.

J'allais monter chez moi, lorsque je me trouvai face à face avec un monsieur de ma connaissance.

— Avez-vous acheté des actions de la banque ? me dit-il d'un air anxieux.

— J'arrive. Non. Pourquoi ?

— C'est qu'elles ne valent maintenant que huit cents francs, et que dans deux jours elles en vaudront huit mille. M. Bulard, qui est mon ami, me l'a prédit en confidence.

Une fortune à faire ! Me voilà courant par la ville. La bourse ? où est la bourse ?

Les uns me montrent la maison qu'on achève de construire au coin du boulevard de l'Impératrice. Les autres, des débris de planches entassés dans la cour d'un menuisier. La plupart me rient au nez.

Mais voici que s'offre à mes yeux un individu tout de noir habillé, comme un homme d'affaires.

— Des actions de la banque, s'écrie-t-il en tirant de sa poche un rouleau de papier ; voici, monsieur, voici ! Moins cher qu'au bureau ! Deux cents francs !

J'en pris mille ; mais à peine payées, je m'aperçus qu'elles étaient fausses. Me voilà ruiné.

La Cour.

— Il faut plaider, me dit-on.

J'empoignai mon voleur, et le conduisis à la Cour.

Les abords en étaient obstrués par une foule immense qui s'étendait en longue queue, par la rue Bab-el-Oued et la route de Saint-Eugène, jusqu'au-delà de la pointe Pescade.

On nous mit tout au bout. Je demandai l'explication de cette énigme.

— Le nombre des conseillers est insuffisant, me répondit un chaouch. Tous ces gens-là sont des plaideurs comme vous. Ils attendent leur tour. Le vôtre arrivera dans soixante-dix ans.

Dans soixante-dix ans !..

Plus que jamais j'étais ruiné.

Le marché.

Cette catastrophe me fut d'autant plus sensible que je mourais de faim.

— Faites comme nous, me dirent des particuliers que je n'avais pas d'abord aperçus.

Ils étaient innombrables, et remplissaient les rues jusqu'à les encombrer. La plupart n'avaient pour habit que de sales haillons. En les regardant de plus près, je vis qu'ils demandaient l'aumône.

— Jamais ! jamais ! m'écriai-je.

Et j'enfonçai profondément mes bras dans les poches de mon paletot.

Ce fut une inspiration. J'y trouvai deux sous. Avec l'un, j'eus du pain ; l'autre fut réservé pour acheter du beurre.

Je me rendis, à cet effet, sur le marché de la place de Chartres.

Il y faisait un soleil si brûlant que tout le beurre était fondu. On le voyait couler à flots pressés dans le ruisseau.

Je résolus de me rabattre sur le lait. Mais à peine avais-je fait quelques pas dans la direction des crémiers, qu'un orage subit, comme il en éclate en rêve. se mit à crever sur leur marchandise, et la baptisa si bien, qu'elle eût marqué zéro à l'échelle du lactomètre.

Je dus manger mon pain sec.

L'hôpital.

Toutes ces contrariétés me firent tomber malade.

J'envoyai chercher un médecin.

On n'en put découvrir aucun. Une épouvantable épidémie venait de fondre sur Alger, et les docteurs, si nombreux en cette ville, n'y pouvaient suffire.

— Il faut aller à l'hôpital, me dit un voisin complaisant. Au moins, là, vous serez soigné.

Je m'y fis porter tout de suite ; mais la porte en était bouchée, comme à la Cour, par une queue de plusieurs kilomètres.

Un carabin, cependant, me fit entrer par passe-droit, et l'on me coucha dans un lit.

Les draps en étaient tellement humides, que je fus bientôt glacé jusqu'à la moelle des os.

Les bêtes l'infestaient en quantité si grande, que mon corps, soulevé par elles, remuait et marchait comme un morceau de fromage pourri.

C'étaient des araignées énormes, des crapauds gluants, des cancrelas fétides. Les uns m'entraient dans les narines, les autres me rongeaient les yeux.

Soudain, un bruit terrible et prolongé comme un coup de tonnerre, ébranla toute la maison. Le toit s'effondra, les murs s'écroulèrent, et leurs débris amoncelés m'ensevelirent tout vivant comme dans un tombeau.

Parenthèse.

— Vous avez beau crier, me dit-on quelquefois, vous n'obtiendrez jamais quoique ce soit dans l'intérêt ou pour l'agrément des masses. Une sorte d'oligarchie règne sur Alger, et tout ce qui s'y fait est loin de nuire à la commodité des puissants.

Vous réclamez des façades pittoresques. Est-ce que le grand monde algérien est artiste ?

Des arbres. N'a-t-il pas, pour l'été, sa campagne de Mustapha, d'El-Biar ou de Saint-Eugène ? Ne va-t-il pas, d'ailleurs, en France ?

Des bancs S'assied-il dehors ?

Un chemin pour monter à la Bouzaréah. Ce n'est pas par là que sont ses propriétés.

La reconstruction de l'hôpital civil. Lui servira-t-il jamais ?

—Mauvais propos, calomnie, que tout cela !

XXI

INCIDENT.

Suite et fin des épreuves d'une future.

— Monsieur, me dit François, en me remettant une lettre, faut-il que vous ayez le sommeil dur ! Voilà plus d'un quart-d'heure que je frappe à la porte.

J'ouvris la lettre, et lus ce qui suit :

— Vous rappelez-vous, mon cher ami, ce distique de Voltaire au bas d'une statue de l'Amour :

Qui que tu sois, voici ton maître ;
Il l'est, le fut, ou le doit être ?

Vrai ! on ne peut plus vrai ! Jugez-en. *Elle* ne sait encore ni coudre un bouton, ni faire une omelette, ni traverser la rue, et cependant... j'épouse !

Ne puis-je, d'ailleurs, lui montrer ? A défaut de talent, j'aurai le zèle, qui vaut mieux encore.

XXII

CONCLUSION.

Et pourquoi, moi aussi, n'épouserais-je pas tout d'abord ?

Les imperfections qui déparent encore ma nouvell patrie, j'emploierai, si faibles qu'ils soient, tous me efforts à les corriger.

Qui sait!...

Les petits ruisseaux font les grandes rivières, et le humbles colons les superbes empires.

FIN.

TABLE.

—

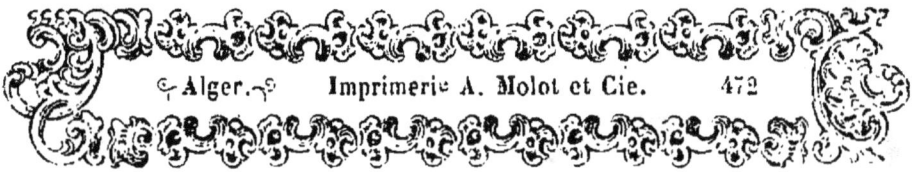

Alger. Imprimerie A. Molot et Cie. 472

www.ingramcontent.com/pod-product-compliance
Lightning Source LLC
Chambersburg PA
CBHW052041270326
41931CB00012B/2587